RACINE EN MAJESTÉ

Du même auteur

Comment la gauche a brisé mon mariage, roman (Flammarion, 1998).
Et qu'un seul soit l'ami : La Boétie (Gallimard, 1995).
Madame, la Cour, la mort (Gallimard, 1992).
La Princesse de Clèves, la mère et le courtisan (PUF, 1990).

90014

JEAN-MICHEL DELACOMPTÉE

RACINE EN MAJESTÉ

Flammarion

© Flammarion, 1999.
ISBN : 2-08-211572-0

Pour mes filles, Emmanuelle et Lucile.

En manière d'hommage, je cite quelques auteurs dans ce livre. Il m'importe de leur ajouter les noms d'Antoine Adam, Erich Auerbach, Paul Bénichou, Louis Marin et Thomas Pavel (d'autres encore auraient leur place).

Le Centre national du Livre appelle un remerciement tout particulier pour l'aide financière dont je lui suis redevable. L'université Michel de Montaigne à Bordeaux également, pour sa compréhension. Que ces deux institutions reçoivent ici le témoignage de ma très vive gratitude.

SURVIVANCE

Racine fut définitivement anobli le mercredi 2 novembre 1693.

Cette même journée, la Cour assista à la foudroyante culbute d'Antoine d'Aquin, premier médecin du roi, couvert d'égards publics par Sa Majesté le lundi, saqué le mardi, officiellement remplacé le mercredi par Guy-Crescent Fagon le médecin des enfants de France, et chassé de la Cour dans l'instant.

Un fil souterrain coud les trois affaires : le succès de Racine, la promotion de Fagon, la chute de d'Aquin.

En 1683 déjà, ce dernier s'était fait gifler pour incompétence, quasiment pour meurtre, par Villacerf le maître d'hôtel de Marie-Thérèse la reine lors de son agonie, parce qu'il

11

s'obstinait à la saigner au pied pour un abcès au sein qu'il suffisait d'ouvrir. Vestige encore debout du règne de la Montespan, et qui, malgré ses bourdes, s'était maintenu dans la confiance du roi, d'Aquin passait pour hautain, obtus, cauteleux, âpre aux prébendes, appuyé de son frère qu'il avait placé comme médecin ordinaire et de son neveu nommé au Conseil, et si convaincu de garder à perpétuité sa place qu'il s'en gobergeait devant témoins.

Néanmoins personne ne se doutait, ce jour de la Toussaint, que le contrôleur général des finances Pontchartrain, secrétaire d'État de la Marine et de la Maison du Roi, établissait sa ruine avec Mme de Maintenon dans le grand cabinet où elle recevait à Versailles. On était le mardi, et conformément à tous les mardis, il était venu travailler avec « la vieille *ripopée* », comme la Palatine, duchesse d'Orléans, surnommait sa belle-sœur.

À l'aube du jour des Morts, le mercredi 2, alors que la Cour dormait, Antoine d'Aquin, conforté dans son poste par l'ostentation des caresses de Louis l'avant-veille, reçut la visite du comte de Pontchartrain. Celui-ci, un petit homme très maigre, efficace et poli à l'extrême, lui portait l'ordre de vider immédiatement les lieux et d'aller à Moulins s'enterrer pour toujours avec son frère. Le roi lui donnait une pension de six mille livres. La Cour fut ébahie. Et cette disgrâce, que n'avait annoncée aucun signe, précipita d'Aquin dans un état de sidération dont il tenta de réchapper en allant prendre les eaux à Vichy, d'où il roula dans la tombe.

Racine n'eut aucune responsabilité directe en l'affaire. Le lien n'est pas de conséquence.

Fagon, lui, mima les étonnés au milieu de la surprise, contrefit même la compassion. Il jouait son rôle. Le courtisan délicat, l'ami circonspect qui s'offrait sans compter aux consultations des grands, avait toutes les raisons de s'estimer près du sommet. À Versailles comme à la ville, tout le monde admire l'expert en botanique, le spécialiste décharné qu'ont voûté les expériences payées de suffocations d'asthmatique, le savant que la charlatanerie révolte. Une « créature de la vieille », note la Palatine, perspicace sous sa face teutonne de rougeaude. Mais le portrait à la chaux vive qu'elle dresse de Fagon n'engage qu'elle : des jambes grêles d'oiseau, la lippe saillante sous une rangée de chicots, le visage long, blême, méchant, beaucoup d'esprit, fin politique. La Palatine a la plume franche et pointue, à l'opposé de la cruauté courtoise de son beau-frère Louis. L'heureux bénéficiaire de la journée — avec Racine — était en tout cas un personnage aux convictions tranchées : dans sa thèse de doctorat, Fagon s'est audacieusement déclaré pour la circulation du sang récusée par la Faculté, tandis que Boileau, dans la *Satire X*, admire ses « maximes énormes » comparées aux pratiques hasardeuses des morticoles de Paris.

Fagon n'est pas du genre à se payer de mots. Son œil s'est précocement formé à l'observation minutieuse de la flore domestique et sauvage. Cet éminent professeur de chimie, neveu de l'intendant du Jardin des Plantes, vit depuis sa naissance environné d'arbres, d'herbiers, d'alambics et de fleurs. Il court les montagnes pour en rapporter des brassées de remèdes et d'essences nouvelles. Sa franchise, son zèle détaché impressionnent. Ancien médecin de la reine, Fagon soigne les enfants de France avec la bénédiction de la Maintenon, qui fut leur gouvernante. Il est homme à tenir les promesses placées en lui. Bientôt Fontenelle notera dans son *Éloge* qu'on « croyait faire sa cour de s'adresser à lui, on s'en faisait même une loi ». Il s'est lié d'étroite amitié avec Félix le premier chirurgien, qui a triomphé de la fistule royale six ans plus tôt par une excision pleine de risques, et qui jouit d'un crédit puissant. Quoi qu'en écrive la Palatine, les amis de Fagon sont dans tous les milieux, et ses mérites dans toutes les bouches.

En janvier 1699, alors que Racine vit ses derniers mois, Fagon lance un vaste débat pour savoir quand débutera le prochain siècle, s'il faut le faire commencer en 1700 ou en 1701. Fagon en tient pour 1700, la Cour pour l'année suivante. Délices de la chicane dans un siècle de plaideurs. Les partisans de Fagon justifiaient 1700 par l'exacte révolution du siècle finissant : cent ans précis. La controverse échauffe le public, des calèches aux cuisines, des boudoirs aux boucheries. En perruque comme en chemise. Sur la chaise percée, au souper, à l'église. Les ducs, les mitrons, les prélats ergotent, et les lavandières, les sergents de ville, les cochers. La

Palatine encore, qui pense comme Fagon : « Je voudrais bien connaître l'opinion de M. Leibniz là-dessus. »

Racine, dans sa correspondance, n'en touche pas un mot : 1700, bien beau s'il l'atteint.

Récemment, Fagon a marqué le point décisif auprès du roi miné par les fièvres en discréditant d'Aquin sur la meilleure façon d'avaler le quinquina, à petites doses dans du vin de Bourgogne ou au poids d'un écu dans chaque prise, solution qu'il défend, et à juste titre, lors de cette grande dispute, d'une gravité maximale, causée par la répétition des fièvres et qui intéresse la survie même du prince.

Louis XIV, déjà déclinant, s'accrochait à d'Aquin son vieux soigneur comme un pauvre à ses loques : l'autre avait beau s'égarer dans ses traitements et le tromper en flattant son caprice, il le rafistolait depuis vingt ans vaille que vaille. Ils ont traversé tant de fluxions, de suées, de lancettes et de clystères, tant de frayeurs ensemble. On ne quitte pas si facilement qui vit pour vos décoctions, vos bouillons, vos vapeurs, cette nourrice en manteau de nuit sur une mule qui venait border ses tremblements dans la neige, ou lui purger le boyau et lui soutirer le sang pour l'alléger à la veille des batailles. D'Aquin, danger mortel, finalement sans désastres.

Louis avait en outre un trait dominant qui explique en partie la stabilité inouïe d'un régime long de cinquante-quatre ans : c'était un sentimental froid. Cet homme qui était plus qu'un homme par le cérémonial et moins qu'un homme pour cette raison même, liait ses obligés par l'art de ses bienfaits autant que par l'or de ses dons. Il les capturait par la prodigalité élégante de ses mannes. À sa manière de statue, il présentait son sceptre à leur adulation dans un éblouissement d'affects que sa courtoisie recouvrait d'une pellicule de glace, sous laquelle le temps circulait en maître de la grandeur. La conscience du temps paraît une seconde nature chez le roi. Tout exil impliquant la possibilité du rappel, et le sens de l'exil tenant dans cette espérance, il les ordonnait comme s'il se croyait promis à l'immortalité. La durée s'avère consubstantielle à l'exercice de la majesté. L'espoir des pardons faisait banquette, jamais de date, aucun terme. Les gratifications de même. Elles attendaient une échéance que rien n'indiquait.

Cette technique affermissait les solliciteurs dans une patience inoxydable.

Louis XIV sans le temps, c'est le nabot sans les talonnettes qui lui servaient d'échasses. Homme tout petit, Louis le Grand, 1m 60 sans les souliers. Sa gloire se coiffait de boucles noires en cascades, comme on le voit dans son portrait en armure par Rigaud, et il utilisait des prothèses. Avec, il dépassait tout le monde, d'autant que les courtisans se courbaient fort bas sur son passage.

De son côté, l'épouse secrète savait ce que mourir veut dire. Elle avait fermé les paupières à Scarron son vieux mari cul-de-jatte, et à présent, riche de cette science funèbre, elle veille sur la santé du royal époux. L'enjeu exclut toute bévue. Elle soutient Fagon sans flottements et l'impose parce qu'elle a foi en lui et en personne d'autre. Elle aussi se trouve intéressée à l'administration des breuvages : question de survie, politique cette fois.

Mme de Sévigné surnommait Colbert *le Nord*. Le roi appelait Mme de Maintenon *Votre Solidité*. Une vraie charpente. Elle commande à tout un pan de l'univers. Ce n'est pas qu'elle dispose d'un pouvoir direct sur les dossiers, ni de l'influence qu'elle voudrait sur le monarque, trop fine guêpe, toutefois, pour se mettre en travers. La piété lui fournit son atout majeur, et le jeu des nominations son champ d'excellence. Sur le chapitre du temps, aidée de son allié rival le père de la Chaize, elle partage à merveille le savoir de Louis. Les détours et l'usure ne la gênent pas pour le convaincre, sans pourtant qu'il l'écoute en tout. Elle fait la bruine et la brise, à défaut de la pluie et du beau temps.

Tout cela compte énormément pour l'appréciation de la lettre panique que Racine lui écrivit le 4 mars 1698, où l'on a parlé de sa disgrâce, et qui fit couler tellement d'encre.

Mais pour le moment, Mme de Maintenon met son intérêt personnel au service du souverain dans l'intérêt de l'État, et il ne fait aucun doute que la séance de travail avec le contrôleur Pontchartrain, ce mardi de la Toussaint, représente une affaire de première importance, l'aboutissement d'une très longue et très sinueuse démarche. Il ne s'agit qu'accessoirement de clientélisme ou d'une querelle de personnes, encore moins d'une fantaisie de la puissance. Avec Fagon, le plus instruit, le plus moderne des médecins, avec ce novateur qui collecte, qui distille et qui classe, c'est l'esprit de taxinomie féru d'épreuves pratiques que l'on propose enfin à la médication du roi.

Or justement, ce jour des Morts, Louis le Grand se mouche et il tousse : il a pris froid dans son soufflet en courant le cerf à Fontainebleau. Les moissons de l'an passé ont pourri sous les pluies. Les fièvres se propagent dans l'air détrempé, elles fauchent les chétifs, les transis. Les fourrages noyés ont décimé les bêtes. Disette générale. Un million de morts en gros, fosses de gueux insensibles aux glorieuses victoires contre l'Europe coalisée dans la Ligue d'Augsbourg, le cap Saint-Vincent sur les mers avec Tourville, La Marsaille avec Catinat, Neerwinden et Charleroi avec le maréchal de Luxembourg dans les Flandres.

Même Paris crie misère. C'est par conséquent un maudit jour de deuils et de rhumes comme tous les autres, ce mercredi de novembre 1693, à l'issue du Conseil. Mais pas seulement : c'est aussi un jour de félicité profonde. Le roi, qui vient de nommer Fagon premier médecin, accorde à Racine la

20

noblesse perpétuelle en signant le brevet de survivance de sa charge.

Il était devenu gentilhomme en décembre 1690 pour 10 000 livres.

La charge d'ordinaire de la Chambre vaquait par la disparition du baron de Torff de Potentorff, un officier polyglotte d'origine valaque aux états de service impeccables. Le roi favorise en la circonstance l'homme de plume aux dépens de l'homme de guerre : la charge valait cinq fois plus. Distinction insigne, Louis, non content de l'élever aux honneurs, consent à Racine dans la suite du succès d'*Esther* et par dédommagement d'*Athalie*, une remise de 43 000 livres au détriment de la veuve. Lui, loup parmi les loups depuis sa jeunesse, sait qu'aucune faveur ne se refuse, que toutes se gagnent au prix fort. Le brevet de nomination du 12 décembre 1690 mentionne l'estime que le roi a pour sa personne, et la confiance qu'il met dans sa fidélité et dans sa bonne conduite.

Par cette charge de gentilhomme, Racine, à cinquante et un ans, est donc anobli. Il l'est à titre personnel, sans la transmission. Il est devenu homme de qualité, mais dont la qualité s'achève avec lui. Il n'est que son corps et sa vie. Il n'a que la dimension de son mérite.

Et il le sait bien, qui ne prend le titre d'écuyer qu'après la survivance. Et qui connaît la difficulté de se faire reconnaître. Car c'est l'enjeu : que pouvait-il éprouver dans ce nouvel état ? Les traces de noblesse dans son ascendance ne comptent pour rien, sinon comme petits supports de la vanité.

Une charge de secrétaire du Cabinet du roi se libère début 1693 : il y court. La condition de gentilhomme ne lui suffit pas, elle réclame des offices et des rentes. Que vaut un gentilhomme sans charges à la Cour ? Sévère concurrence : il échoue. Il se risque sans succès sur un autre office un an plus tard.

Pour retrouver de l'épais dans la marmite fiscale au creux du sinistre hiver 1694, Louis XIV créa cinquante charges de conseiller secrétaire du roi affreusement chères et d'un rendement douteux, dont il commanda l'achat aux replets du royaume pour l'aider à maintenir la paix aux frontières. Racine se porte candidat. Il est bien vissé dans sa noblesse à présent. Pourtant il s'agite. Il faut complaire au roi, lui montrer de la reconnaissance, sans omettre les revenus escomptés. Et par-dessus tout on perçoit, plus que le sonnant du titre et le trébuchant de la rente, qu'il essaie d'obtenir une place auprès de Louis, à portée d'yeux, à portée de voix.

Cahier de comptes : le 2 février 1696, quand il réussit enfin à acquérir la charge aux allures de boulet qui va grever toute la fin de sa vie, sur les cinquante-cinq mille livres qu'il doit payer au Trésor, Racine en emprunte quinze mille à la veuve de Quinault, dont il règle le solde deux ans pile plus tard. Ponctualité d'honnête homme. Un noble de naissance méprise ses créances et fait lanterner ses créanciers : l'honneur est pour eux. Il fallait des Chevreuse et des Beauvilliers pour payer leur dû aux artisans et aux marchands. Racine règle ses dettes rubis sur l'ongle. Son comportement répond à l'économie domestique de Catherine de Romanet son épouse, qu'on laisse à tort dans les coulisses avec sa discrétion de mère attentionnée et sa mentalité toute moderne de bourgeoise libérale.

La survivance introduit l'héritage, implique le temps et l'origine, les lignages et les réflexes innés. Elle instaure une hérédité où la descendance rétrocède au géniteur la pureté de la naissance. La gratification du fils garantit la noblesse du père. Sa condition devient son essence. Par le miracle d'un paraphe, à l'ancienneté du nom répond désormais l'encre du brevet que Louis XIV décerne, comme de toute éternité, au maître queux des louanges dans la pompe administrative de son bon-vouloir : « Connaissant le zèle que le sieur Racine, l'un de ses gentilhommes ordinaires, a depuis longtemps pour son service, Sa Majesté a voulu lui donner de nouvelles marques de sa bonté en accordant sa charge à son fils à condition de survivance, espérant qu'à l'imitation de son père, il servira avec fidélité. »

Le roi lie le fils et figure l'abondance. Il prodigue les écus et les états d'âme. Sa générosité coule sans efforts. Louis est un incessant dispensateur de pensions, de cordons, d'exils et d'ulcères. Le courtisan, en face, n'a rien à donner, sa seule obligation consiste à recevoir. Il tend les bras vers le prince par amour de lui et pour recueillir ses dons, et il les recueille non par convoitise, mais par gratitude. La noblesse tombe magiquement de la majesté du roi, qui est sa bonté. Qu'il se traduise par des effets fastes ou néfastes, le paraphe de Louis témoigne de son affection pour celui qu'il récompense ou qu'il exile, il déverse sur sa tête une pluie de gloire et d'amour. Son pouvoir dépasse même la logique du temps : par la survivance, il offre au gentilhomme un passé tout neuf. Il se substitue aux ancêtres. Il tient lieu d'Histoire à lui seul.

Le brevet amplifie la charge de gentilhomme ordinaire à laquelle celle de trésorier de France, en 1674, avait fait le lit. Trésorier de France à Moulins, c'est peu de chose, l'institution tourne à vide. Pendant douze ans trésorier à Caen, La Bruyère s'y rendit pour sa réception et n'y remit plus les pieds. À un mois de ses cinquante-quatre ans, Racine change de nature. Même si la confirmation des titres de noblesse, plusieurs fois pratiquée par le roi envers les récents anoblis, lui prouve qu'une signature officielle n'égale jamais la qualité du sang, la survivance l'élève de plein droit à la caste dont Louis XIV constitue le premier gentilhomme et le gardien sacré.

DIGNITÉS

On dirait qu'il a visé cet instant toute sa vie. Qu'il a voué son génie du théâtre à ce but, pour l'assouvissement d'un besoin loin en amont. Partir de nulle part pour arriver là, comme s'il avait fallu l'envie dès l'enfance sous le regard des ducs, jusqu'à l'appartenance sinon à leur rang, du moins à leur ordre.

Racine fut l'un des plus hauts dignitaires du régime national et théocratique érigé par Louis XIV.

Il évolua dans le cercle du monarque près des ministres du Conseil d'en haut, des crosses d'évêques en soie violette et des maréchaux de l'état-major chamarrés de brocarts avec leurs cordons parmi les diamants. Omnipotence de Dieu, expansion de l'État, inflation de l'armée : soixante-dix mille soldats en 1666, cent vingt mille en 1672, deux cent quatre-vingt mille en 1678, et des revues qui duraient des journées harassantes dans le déploiement des troupes désormais revêtues d'uniformes et armées de fusils. En 1693, dans l'un de ses fragments historiques, Racine, qui aime les chiffres, évalue à quatre cent cinquante mille le nombre des hommes de pied dont dispose le roi, et à près de cent mille celui des chevaux, soit quarante mille de plus que dans la guerre contre la Hollande vingt ans plus tôt.

Racine, verrou de l'Académie française élevée parmi les grands corps de l'État en 1672, expert en inscriptions et médailles pour la petite académie créée par Colbert, consigne précieusement les faits et les bons mots du roi afin de remplir au mieux sa mission d'historiographe au service de la propagande de Louis Dieudonné le Triomphateur.

Les manufactures polissent le verre pour l'apparat des glaces où se réverbèrent à l'infini les reflets. Racine, lui, se fait souffleur de gloire.

Aucune émotion ne signale, dans sa correspondance, à tout le moins dans ce qui nous en reste, l'édit de Fontainebleau révoquant celui de Nantes et la traque des huguenots déportés aux galères – rétablies dès le début du règne – en processions enchaînées, spoliés, chassés de France comme les juifs d'Espagne, à ramer dans le roulis des canons sur les bancs où ahanaient les forçats endurcis (on exécutait les vieux, les estropiés, les incurables) en compagnie d'infidèles asservis, Turcs, nègres, Iroquois, Russes vendus par les Tatars, tous resserrés dans la chiourme avec les assassins, les déserteurs, les faux-saulniers et les faux-monnayeurs, entassés dans ces camps flottants pour la marine de guerre où les autorités mélangeaient les politiques aux droits communs.

Bossuet, dont la bienveillance flatte Racine, dans l'oraison funèbre du chancelier Michel Le Tellier en l'église paroissiale de Saint-Gervais le 25 janvier 1686, louange le roi après la révocation que Le Tellier a visée puis scellée, satisfait de finir ses jours par un acte de piété aussi haute : « Poussons jusqu'au Ciel nos acclamations, et disons à ce nouveau Constantin, à ce nouveau Théodose, à ce nouveau Marcien, à ce nouveau Charlemagne, ce que les six cent trente Pères dirent autrefois dans le concile de Chalcédoine : *Vous avez affermi la foi, vous avez exterminé les hérétiques : c'est le digne ouvrage de votre règne, c'en est le propre caractère. Par vous l'hérésie n'est plus : Dieu seul a pu faire cette merveille.* » Superbe emphase, projet atroce. Il est vrai que dans le dithyrambe, Bossuet devait affronter une foule jamais à court d'encensoir et très pointilleuse sur son droit à l'enflure. L'académicien Barbier d'Aucour affirme en 1683 que jamais potentat n'a porté plus haut la majesté royale. Bergeret son confrère se déclare incapable, après plusieurs pages d'éloges, de « soutenir plus longtemps la vue d'une si extrême grandeur de gloire et de vertu », engagé dans un tel silence d'admiration qu'il n'en est toujours pas revenu. Racine relève le gant. En 1685, il conclut son discours d'accueil à l'Académie de ce même Bergeret en cirant la couronne de Louis à coups de brosse magnifiques. Celui-ci, habitué aux bassesses de la faune rampante, aimait à se murmurer les hyperboles les plus outrées. Mais s'étant fait réciter le discours qui le dépeignait en Jupiter lancé dans « un enchaînement continuel de faits merveilleux », victoires sur victoires, miracles sur miracles, héros sublime même dans son domestique, il en éprouva de l'embarras, Sainte-Beuve écrit qu'il en rougit. Pour bien marquer son contentement devant les courtisans empressés, il dit au flagorneur qu'il le louerait davantage s'il n'en était pas tant loué. Racine rapporte complaisamment le propos dans le fragment de son œuvre historique consacré aux *bons mots du roi*, et Louis son fils l'évoque dans ses *Mémoires*.

Plaire au monarque, art de l'outrance.

Il avait déjà concentré l'étendue de son génie en 1678 lors de la réception à l'Académie de Jacques-Nicolas Colbert, second fils du ministre d'État, pour tracer à l'institution, en guise d'unique devoir, la célébration du roi et de « ce prodigieux nombre d'exploits dont la grandeur nous accable pour ainsi dire, et nous met dans l'impuissance de les exprimer. Il nous faut des années entières pour écrire dignement une seule de ses actions ». Racine étonna par la perfection de son théâtre pour la même raison qu'il fut extravagant dans l'éloge : il en repoussa les limites. Ce qu'ont de liquoreux les amours de scène et d'exorbitant les flatteries obéit à une logique uniforme : il s'engagea tout vif dans tout ce qu'il entreprit. Il a sauté plus haut, couru plus vite, frappé plus fort que les autres. Cette radicalité s'appuyait sur une finesse psychologique à la mesure des plus subtils moralistes du temps.

Dans le discours d'accueil de Bergeret et du frère de Corneille, il glorifie sans frémir Louis XIV de sa victoire sur la république de Gênes, laquelle vient d'être anéantie en six jours par les dix mille bombes incendiaires des galiotes de Duquesne. Dans sa correspondance, on ne trouve pas un mot d'humanité pour les vallées de la Savoie dévastées au printemps 1686 par Catinat, dont le rapport se targue d'un pays à présent « parfaitement désolé : il n'y a plus ni peuple ni bestiaux ». Et pas davantage en 1689 pour le Palatinat ravagé par un déluge de sabres dans un tonnerre de bottes, Heidelberg profané, Mannheim rasé, les hordes de Louvois conduites par Tessé pataugeant dans les cadavres jusqu'au garrot des chevaux sous le regard de l'Europe écœurée, abasourdie, terrifiée.

Dans la victoire de La Marsaille le 4 octobre 1693, à nouveau contre le duc de Savoie, toujours sous le commandement de Catinat, Racine annonce tranquillement à

Jean-Baptiste son fils « de nouvelles circonstances très avantageuses. On fait monter la perte des ennemis à près de dix mille morts, et à plus de deux mille prisonniers ». Quand Louvois le renseigne à Marly sur la campagne de Lille, il raconte à Boileau (il fait son métier d'historiographe), que le ministre lui a parlé « avec beaucoup de bonté. Vous savez sa manière, et comme toutes ses paroles sont pleines de droit sens et vont au fait ». La bonté de Louvois. Dès qu'il eut obtenu la survivance de la charge de secrétaire d'État à la Guerre que possédait Michel Le Tellier son père, il fit connaître sa rigueur sans merci. Louvois : un corpulent sanguin au front de brute, un fanatique de la trique sanglé dans sa morgue. Tout paraît possible à Racine dès qu'il s'agit de complaire aux puissants.

Que l'ennemi puisse défendre une cause légitime, il paraît l'ignorer. À suivre l'*Éloge historique du roi sur ses conquêtes depuis l'année 1672 jusqu'en 1678*, qu'à la demande de la Montespan il compose avec Boileau pour le Noël 1684 de Louis (en admettant que le texte actuel soit bien celui qu'ils rédigèrent), la petite république de Hollande prétend faire la loi à l'Europe, elle se ligue avec les ennemis de la France, opprime les catholiques, s'oppose à notre commerce dans les Indes : Sa Majesté se met en marche, assiège quatre forteresses à la fois, les prend aussitôt, fait rendre gorge aux insolents. « Quelque criminels qu'ils fussent, ils ne pensaient pas que la punition dût suivre de si près l'offense. » Racine impute systématiquement le crime à l'ennemi, il projette sur lui les intentions de l'État carnassier, et il le fait dans un style grave et gracieux qui s'imprime dans la mémoire. Personne ne le forçait à ce choix. Fénelon avec *Télémaque*, La Fontaine, La Bruyère, Bayle, tant d'autres, ont démontré que sous la férule du despote on pouvait construire une pensée critique.

Vauban rédigera bientôt *La Dîme royale*, mais déjà, dans une lettre à Michel Le Peletier, directeur général des fortifications, il s'indigne de l'état pitoyable du peuple et de sa très grande mortalité.

La lettre est précisément datée : elle est du jeudi 3 novembre 1693.

Dans ses *Mémoires* pour l'année 1695, Robert Challe s'effraie des pauvres qui meurent de faim sur le pavé sans autre secours que la pitié des passants, blâmant le roi de son indifférence, à preuve cet arrêt du Conseil affiché aux poteaux sur les chemins menant à la Cour où défense est faite aux mendiants d'approcher de trois lieues sous peine du fouet, de la marque, des galères, situation qu'il impute au contrôleur Pontchartrain assisté de ses valets, les receveurs généraux des finances, les receveurs de tailles, les fermiers du sel, sans qu'à l'inverse dans ses lettres on discerne chez Racine le moindre signe de compassion devant la catastrophe.

C'est toujours à lui qu'il pense, à ses amis, à ses proches, comme son beau-frère Antoine Rivière, l'époux de sa sœur Marie, dans cette lettre du 3 juillet 1695 où, en pleine débauche de famine, il détaille ses interventions auprès des Messieurs des gabelles pour assurer à Rivière le meilleur profit dans une sombre histoire de charge de contrôleur perdue dix ans plus tôt. Et l'année suivante, en mars 1696, c'est à Pontchartrain qu'il s'adresse, de même qu'il avait démarché le contrôleur général et l'intendant de la province en février 1685 aussi bien qu'en juin 1688, et de même en mai 1697 où il passe cette fois par l'épouse de Pontchartrain, usant de son crédit sans cesse pour extirper le beau-frère de la glu bureaucratique en sollicitant toute une série de pistons très haut placés.

En mai 1692, s'apercevant que l'herbe est courte sur la route de Mons où il suit l'armée, que le fourrage manque aux chevaux et que le prix du grain monte, il n'a rien de plus pressé que de se frotter les mains et d'écrire à Catherine sa femme, qui possède une terre à Montdidier dans les parages, que pour elle c'est tout bénéfice, parce que le sétier de blé vient de passer de vingt sous à soixante-six, que son fermier sera riche et qu'il lui donnera de l'argent, ayant eu la sagesse de garder la récolte quand le grain valait peu. Spéculation de bon aloi pour s'enrichir en temps de disette. Le monde est en ordre, Dieu protège les gens fortunés comme il prend parti dans les guerres. Le comte d'Estrées, qui avait perdu deux navires dans la tempête, vient de couler quatorze vaisseaux marchands anglais sur les côtes d'Espagne : le roi est satisfait, écrit Racine à l'épouse, cela le console et il a raison. Société de vases communicants où un équilibre s'instaure entre l'avantage d'un jour et le dommage d'un autre. Dieu, le blé, la guerre : le religieux, l'économique, le militaire. Dieu partage ses appuis, les cours du blé varient, les ennemis restent les mêmes – l'Espagnol, l'Anglais, le Hollandais – dans le système circulaire d'un monde où, à l'intérieur d'une province, même une bonne récolte peut renchérir les prix pour peu qu'une mauvaise dans une autre nécessite un transfert de vivres. Base idéologique d'une stabilité globale des échanges au cœur de l'économie colbertiste, analogue au système de trappes qui chasse un d'Aquin pour mettre un Fagon, la Cour, comme le pouvoir, ayant horreur du vide.

En juin 1698, dans l'affaire du quiétisme, le roi ayant renvoyé l'abbé de Beaumont et l'abbé de Langeron, neveu de Fénelon, ainsi que MM. Du Puis et de l'Échelle, « on a déjà remplacé les deux abbés depuis que j'ai écrit à M. l'Ambassadeur », écrit Racine à son fils. Un flux continu de postulants se découvre en un roulement perpétuel de naufrages et de victoires. Rien de stable, rien de sûr dans ce liquide amniotique sous la coupe du prince où les seigneurs espèrent et tremblent.

Les révoltes de 1674-1675 en Bretagne contre le papier timbré et l'écrasement qui s'ensuit tirent à Mme de Sévigné des accents de pitié : « Nos pauvres Bas-Bretons s'attroupent, écrit-elle, quarante, cinquante, par les champs, et dès qu'ils voient les soldats, se jettent à terre, et disent *mea culpa* », car c'est le seul mot de français qu'ils connaissent, mais « on ne laisse pas de les pendre : ils demandent à boire et du tabac et qu'on les dépêche ». Ce genre de descriptions, aucune chez Racine.

Le 25 juillet 1687, il se laisse convaincre par le premier chirurgien Félix d'aller le lendemain avec le roi à Maintenon observer l'avancement des travaux, un terrassement de plaines sous les quarante-huit arcades d'un aqueduc reliant les deux collines du chantier colossal et ruineux entamé au milieu des exhalaisons méphitiques de la tourbe remuée par trente mille hommes fiévreux, exténués, crevards et tenus à l'effort comme des marées d'esclaves, prodigieux ouvrage et prodigieux ratage pour amener à Versailles les eaux de l'Eure. Ce sont des « gens bien faits », explique-t-il à Boileau, et qui, « si la guerre recommence, remueront plus volontiers la terre devant quelque place sur la frontière, que dans les plaines de Beauce ». L'aqueduc lui paraît digne de la magnificence du roi, il s'applaudit de la visite. Pour défendre Cherbourg, écrit Mme de La Fayette dans ses *Mémoires de la Cour de France*, « on voulut faire marcher deux bataillons qui étaient à Versailles et revenaient de travailler à Maintenon, mais ils étaient en si mauvais état qu'il fut impossible de les y envoyer ».

Roi machiniste, putassier, tyran, s'écria un jour de juillet 1668 sur le passage de Louis une femme dont le fils s'était tué à Versailles en tombant d'un échafaudage lors de travaux pour une fête. On la fouette au sang. Olivier d'Ormesson raconte l'affaire dans son *Journal*. Ce n'est pas le genre de scène qu'on trouve chez Racine.

Jamais.

Et cependant il sait prendre son bâton et s'en aller cogner aux portes des grands pour plaider la cause de Port-Royal.

Il répand la charité avec un soin fait de largesses et de régularité, même s'il la limite à la famille et aux pauvres du bourg natal.

Recevant l'abbé Colbert au Louvre parmi les Immortels, il loue Louis XIV de se comporter en vainqueur pacifique plus qu'en roi guerrier, déclarant que la paix qu'il offre à l'Europe – la paix de Nimègue, en 1678 – est quelque chose de plus grand que tout ce qu'il a fait dans la guerre.

Surtout, il rédige, d'après les *Mémoires* de Louis, la harangue prononcée au nom de l'assemblée du clergé par ce même Jacques-Nicolas Colbert le 21 juillet 1685, trois mois avant la révocation, favorable à l'usage des lois plutôt qu'à la force des armes dans le combat contre les schismatiques, suppliant que le roi de bonté persuade les égarés par sa douceur, non par les exécutions dont le Dieu des vengeances le rendrait l'instrument. L'orateur ne cite pas les protestants, mais il utilise des formules d'une conviction éloquente, évoquant les « doux et sages moyens de vaincre l'erreur » qui distingueraient l'action de Sa Majesté de la répression sanglante en usage dans les précédents règnes. La modération toute chrétienne que prouve ici Racine désigne une qualité d'honnête homme.

Mais il ne s'engage pas plus avant. Sans doute s'avance-t-il, comme le fils Colbert et le clergé assemblé, à la pointe des réticences possibles. Sorte de baroud d'honneur : car il ne modifie pas d'une once son obéissance. Et cet appel à des mesures humaines auquel il prête alors son encre ne trouve dans ses écrits aucun autre écho. Dans l'*Abrégé de l'histoire de Port-Royal*, il montre comment Antoine Arnauld, le grand Arnauld, justifie la conduite du pouvoir envers les hérétiques. Racine a retenu la leçon de l'entière soumission au prince revendiquée par les Messieurs. Excepté pour les saintes filles de Port-Royal (et encore, Arnauld lui reproche d'avoir ignoré la persécution, « la tache sur le soleil », dans le discours d'accueil de Bergeret), il n'y a pas une phrase, pas un mot dans la correspondance de Racine, à tout le moins dans ce qui nous en reste, où transparaisse quelque doute, quelque soupçon, quelque nuance sur le sort réservé aux martyrs du monarque sectaire.

Son épitaphe de Michel Le Tellier signale simplement, au sujet de la révocation, que celui-ci mourut « content d'avoir vu consommer ce grand ouvrage ».

Il fut l'écrivain officiel nommé pour célébrer les conquêtes aux marches du royaume, déguisées en défense légitime des droits d'un souverain contraint par l'arrogance d'ennemis sans foi ni loi. La page de titre d'un recueil de gravures antifrançaises imprimé en Hollande en 1693 l'encadre directement en lèche-bottes sans cœur ni morale : « *Recueil de pièces héroïques et historiques* pour servir d'ornement à l'histoire de Louis XIV, dédié à MM. Racine et Boileau, historiographes de France – imprimé par Jean de Montespant, demeurant à Gizors à l'enseigne de l'Édit de Nantes. »

Racine a fait corps avec le régime le plus religieux et le plus policier qu'ait connu la France, le plus intolérant, le plus belliqueux, le plus hiérarchique, le plus explicitement fondé sur le culte du chef. Il s'est uni à cette hydre, il l'a aimée avec ardeur. Il l'a incarnée avec le génie que lui avait prodigué la nature et la bonne conscience qu'inspire à tout le monde la pire des passions, celle du maître.

Car le régime fut ainsi. Pendant près d'un demi-siècle, Louis XIV s'est cuit le fondement à chevaucher dans la grenaille et la saison sèche, de passages du Rhin en sièges de Mons, les *Te Deum* en bandoulière. Et pour ce faire, il a pressuré le royaume. Il a logé des bataillons de soldats dans les familles de France réfractaires, pour les punir et les convertir. Il a embastillé sans réplique. Et incontestablement Racine, juché sur la ligne de crête, fut l'un des officiels majeurs de cette grosse machine lente centrée à Versailles, spectaculaire et oppressive avec ses bureaux et ses oriflammes, le bras planté dans le bénitier.

Il faut se demander ce que signifie pour nous, les modernes, cette élévation acquise par une servitude dont l'idée révolte notre idéal d'hommes libres. Et en quoi nous conviennent les œuvres d'un thuriféraire inféodé à un monarque dont les pratiques, en forçant le crayon, prendraient les traits d'Ubu sous des latitudes exotiques. À lire certains admirateurs de l'art racinien, il semble que cet aspect ne compte pas, gommé, indifférent, jugeant sans doute que l'art n'a que faire des considérations politiques et sociales, qu'il relève d'un registre supérieur, dans un empyrée extérieur à l'histoire et aux souffrances du monde. Henri Michaux, lui, n'a pas tourné autour du pot.

Il est allé à contre-courant des exclamations extatiques, Michaux, il a récusé le style éthéré, comme si la prétendue transparence de la langue ne désignait pas une attitude datée et socialement marquée dont il conviendrait, entre intelligences du meilleur goût, de ne souffler mot : les gens pauvres sont craints des riches pour leur langage facilement ordurier où s'exprime l'infect de leur condition, dit-il, et l'on « comprend le succès exceptionnel, dans une société courtisane et dans quelques autres qui la singent, de J. Racine, illisible à la canaille, homme par son langage allusif et poli, le plus dégagé qu'on entendît des misères physiologiques de la nature humaine et fait pour toucher ceux qui entendent rester nobles ». Telles sont les fortes lignes que trace Michaux dans *Passages*.

Fortes, très fortes.

Et pourtant insuffisantes.

ACADÉMIE

Il était double, Racine. Il cumulait deux natures. Composite, il a réuni en une alchimie rare le travail de la plume et l'amour de la majesté.

Et il a tenu à le faire savoir.

Corneille, doyen de l'Académie, était mort dans la nuit du 30 septembre 1684. Racine, nouveau directeur depuis le 1er octobre très précisément (c'était son tour), souhaita que l'abbé Lavau, auquel il succédait, et qui était encore directeur de l'institution dans la nuit du 30, renonce à sa priorité et lui abandonne l'organisation du service. Il considérait que l'éloge funèbre de Corneille, du grand Pierre Corneille, exigeait d'être prononcé par un auteur d'envergure, d'une envergure égale, en fait, à celle du géant disparu, et il n'y en avait qu'un, c'était lui-même.

Conscient de l'opportunité, l'abbé, qui voulait briller au sortir de son mandat, refusa de céder la chaire, argua de la date de la mort contre celle des obsèques, et assura le panégyrique. Racine est un homme qui s'accroche. C'est la même ténacité, hargneuse et volontaire, qu'il déploie pour honorer Corneille, qui a noué la trame de ses pièces et la brutalité de ses préfaces, excité le besoin de produire cet *écart* par rapport aux normes littéraires que relève Marc Fumaroli à propos du vers racinien, et stimulé son entêtement à devenir un gentilhomme au statut incontestable.

Après les obsèques du grand dramaturge, il fallait le remplacer. L'opération se fit début novembre, repoussée de quinze jours à la demande de Racine, qui ici apparaît en manipulateur hors pair dans l'intérêt bien compris de l'Académie : à Fontainebleau en octobre avec la Cour, tandis qu'à Paris ses confrères s'impatientent, il tente de convaincre Louis qu'il serait de son avantage, aussi bien pour la Couronne en général que pour le duc du Maine en particulier, de faire élire parmi les Immortels un fils du Roi-Soleil en personne.

L'âge du candidat ne présente aucune difficulté. Quand il avait sept ans et demi, à la fin des années soixante-dix, l'enfant des amours avec la Montespan a composé un recueil de ses œuvres pour l'offrir à sa mère, ouvrage d'une profondeur et d'une tenue exceptionnelles pour un jeune homme de son âge, si l'on en croit du moins l'épître dédicatoire rédigée par la marquise de Maintenon sa gouvernante, à qui Racine tenait la plume. À quatorze ans, la place du puissant personnage était capitonnée au giron des Lettres françaises.

Le duc du Maine représentait un successeur digne de Corneille par son rang, ou plutôt se situait à une hauteur dont un Pierre Corneille était digne. Que Racine parvienne à convaincre le roi, et l'honneur du sang royal rejaillirait sur la roture : un fils de Louis XIV assis à égalité avec les pisseurs d'encre lors des séances au Louvre, c'était, comme le note Raymond Picard, « une sorte de coup d'État social et mondain ». L'audace du projet de Racine laisse pantois. Y songeait-il en ornant de guirlandes les dons de l'auteur en herbe, dans l'épître à la favorite ? En tout cas subtilement corrupteur, il sut entretenir chez le petit duc la vanité d'un talent d'exception, ayant été éduqué lui-même en proche compagnie du jeune Chevreuse dans le château des Luynes.

On imagine, à lire les procès-verbaux des séances à l'Académie sur l'affaire, début novembre 1684, quelles louanges, quels tableaux Racine aurait pu mitonner pour accueillir le duc du Maine. Mais le roi l'écouta avec cette attention qu'il montrait à ses sujets même les plus humbles, opposa la jeunesse de l'ex-futur académicien, et renvoya Racine à ses fantasmes d'égalité.

Il y avait là pour Louis XIV un mélange totalement exclu.

Sous l'honneur fait à l'Académie par l'élection de son bâtard, il avait flairé l'abaissement de la dignité royale, dès lors qu'elle s'asseyait non à la même table, hypothèse incongrue, mais sur les mêmes bancs que des barbouilleurs de vers, des juges entichés d'élégies, des abbés rimeurs de poulets et des précepteurs en robes de coton, farcis de chou et de latin.

Thomas Corneille fut élu en remplacement de son frère aîné, et l'ancien procureur général au parlement de Metz Bergeret le fut avec lui, à présent premier commis au secrétariat des Affaires étrangères sous l'autorité du marquis de Croissy.

L'accueil des récipiendaires avait été fixé au 2 janvier 1685. Racine, qui, en septembre, n'était pas encore directeur pour les funérailles de Corneille, cette fois ne l'était plus. Dans cette société égalitaire où l'on comptait les jetons de présence, où l'on pesait chaque mot du *Dictionnaire* au trébuchet de l'érudition la plus sûre, le trimestre de son directorat était écoulé. Il fut pourtant chargé de l'éloge. Il jouissait enfin d'un cadre approprié à la portée du discours qui lui brûlait la langue. Et devant l'assemblée en toge, face au public où les échotiers coudoyaient les princes et les comtesses à cols de loutre les doctes en bonnets de laine, il dit trois choses.

Il commença par faire de Corneille le roi des poètes. Doyen de l'Académie, son nom venait se placer logiquement sous celui de l'auguste protecteur. Heureux symbole ! Avant lui, le poème dramatique en sa naissance était un chaos d'invraisemblances et de farce. Corneille l'avait réglé par sa fermeté, son art, son jugement et son esprit. Où régnait l'anarchie, il avait engendré de l'ordre. Racine se met en retrait pour le grandir. Il élève Corneille en modèle, il l'égale même au roi : « Le même siècle qui se glorifie aujourd'hui d'avoir produit Auguste, s'exclame-t-il de sa voix admirablement articulée, ne se glorifie guère moins d'avoir produit Horace et Virgile. » L'auteur du *Cid* et Louis XIV à parité. On a souvent relevé l'importance de l'événement. Mais il faut en tirer les conséquences.

Cette parité ne pouvait pas s'établir du vivant du poète, elle attendait sa postérité. Et Racine prête sa voix à la postérité, comme bientôt dans le prologue d'*Esther* il prêtera sa plume à la piété. Ici prophète visionnaire du sort du peuple juif, là discret prophète de l'égalité. Lors du discours d'accueil de Thomas Corneille et de Bergeret, c'est en vertu de la même prévoyance, qui capte à merveille les lignes de force de son temps, qu'il revendique le principe d'égalité à l'œuvre chez les avocats, les négociants, les greffiers et les répétiteurs de collèges. Car c'est bien ce qu'il veut dire : en plaçant sur le même plan le poète et le capitaine, l'homme de plume et le gentilhomme, la postérité abolira « l'étrange inégalité » qu'a instaurée la fortune entre l'encre et l'épée.

Conception d'ancienne souche, que suggère la dédicace d'*Andromaque* à Madame rédigée fin 1667-début 1668, où l'on sait, écrit-il, « que dans ce haut degré de gloire où la nature et la fortune ont pris plaisir de vous élever, vous ne dédaignez pas cette gloire obscure que les gens de lettres s'étaient réservée ». Il ne dit pas « se sont réservée », il s'exprime au passé, la gloire s'est éclaircie, il récuse cette humilité qui heurte son souhait d'une reconnaissance des poètes, et celle, plus personnelle, de son talent.

Corneille, homme exact, sage, laborieux, à l'instar de M. de Cordemoy à qui Bergeret succédait, bon mari, bon père, excellent confrère, propre à partager « l'esprit de douceur, d'égalité, de déférence même », sans lequel les Compagnies se désunissent. Dans l'image de ce Corneille en géant modeste et confrère équanime, en académicien de base, en modèle d'académicien, on devine la robuste silhouette de l'auteur Jean Racine, carré dans son gilet et la voix forte, Racine qui avait purifié les planches, restauré la tragédie, combattu la critique frivole, et s'était convaincu de la parité des valeurs, au regard de l'histoire, entre le scribe issu de rien et le souverain qui embrasse tout.

Il paraît monté de sa Champagne pour égaler, c'est-à-dire pour réduire, la suprématie infondée des grands, que simultanément il vénère. Et tandis qu'il souligne l'honneur que recevrait l'Académie – qu'elle recevra – par l'élévation des pièces de Corneille au rang des exploits du roi, il établit une relation d'égalité qui sape les fondements de la théocratie en sciant la branche inégalitaire sur laquelle Louis XIV a fixé son trône.

Ce qu'il commence donc par dire, au sommet de la faveur, dans ce discours au Louvre devant les dignitaires et les beaux esprits, puis dans le cabinet de Louis – mais il n'est encore, ce 2 janvier 1685, ni familier de Marly, ni gentilhomme ordinaire, ni confirmé par la survivance –, c'est que l'égalité des esprits contredit la majesté qui les enchaîne.

Par passion envers la langue, Racine a favorisé dans son œuvre comme dans ses fonctions l'essor de la plume et de la redingote.

Dramaturge, il imprime sans délai ses pièces, travaille d'arrache-pied à l'hégémonie de la chose écrite. Précurseur, il défie la coutume en publiant ses œuvres complètes à un âge où les autres entamaient les leurs. Trois recueils successifs, avec un intervalle de dix ans, comme pour un toilettage à dates fixes : en 1676, à trente-sept ans, il reprend le texte des pièces publiées au lendemain des représentations, complétées par une kyrielle de variantes et par des préfaces taillées au burin dans un bloc de principes. En 1687, nouvelles variantes, suppression d'épîtres dédicatoires et préfaces édulcorées, mais sans rien céder sur l'essentiel. En 1697, ultimes retouches avant de disparaître.

Une première édition des œuvres complètes, si jeune, avec illustrations de Chauveau, c'était une première dans l'organisation naissante de la presse et du public lettré.

Il a défendu le style bec et ongles, la ligne et la diction. Autant le tracé d'un frontispice en tête d'une brochure que l'harmonie d'un pas sur la scène. Il a surveillé les coquilles comme les intonations, et poli autant sa rime que l'accent provincial des demoiselles de Saint-Cyr. Il a fait plus : il a augmenté les rendements de l'imprimerie en lançant des pavés dans le marigot de ses collègues qui lui troussaient des cabales, les Pradon, les abbé Villars, les Boursault, les Boyer, les Donneau de Visé, plumitifs recrachés par la postérité mais convaincus de leur rivalité. Par son caractère vindicatif, il a favorisé la circulation de la critique.

Malgré leur constance, Pontchartrain le contrôleur général, Nicolas de La Reynie le lieutenant de police, d'Argenson ensuite, mandatés par le Conseil et le parlement de Paris, se sont cassé les dents sur les pamphlets du Pont-Neuf, ils ont épuisé leurs gabelous à freiner les in-octavo imprimés au-delà des frontières puis infiltrés dans le royaume par voie de mer, ports fluviaux ou à dos de bidets. Les lettres patentes fermées du grand sceau que délivrait la censure n'ont pas découragé les libraires en dépit des banqueroutes. Sans le vouloir, sans le savoir, Racine renforce la résistance. Pourtant, nulle part il ne stigmatise les descentes de sergents dans les librairies, les manuscrits « oubliés » pendant des années par les censeurs, les malheurs de l'imprimerie ou l'effondrement des ventes. Au contraire : il ne peut que se réjouir de la désaffection du public envers tous les ouvrages, sauf ceux de dévotion. Mais il renforce la résistance parce qu'il défend la plume.

Par sa stature, il confère de la dignité aux petits livres à couverture de peau qui se vendaient loin dans les provinces, comme *De la fréquente communion* d'Antoine Arnauld contre les in-folio des jésuites, les *Provinciales* de Pascal ou, vers la fin du siècle, les catéchismes de Mme Guyon sur la pratique de l'oraison, formats qu'on pouvait enfouir dans ses poches et lire dans les endroits de son choix, éventuellement à l'abri des indiscrets, faciles à parcourir dans les antichambres, à ranger dans les tiroirs, ou à garnir les bibliothèques comme les 1 736 volumes qui tapissaient la sienne rue des Marais, à gauche en venant de la rue des Petits-Augustins, dans la clarté de deux fenêtres tombant sur un tas de coffres, de guéridons, de tapisseries, un portrait de Descartes, sa table de travail et des natures mortes, près du petit cabinet qui donnait sur une terrasse, au second, sous les chambres.

Ensuite il décrit le roi. L'extravagance du dithyrambe n'a plus rien à voir avec l'égalité. Il a essayé de la promouvoir en poussant le duc du Maine. Puis il l'a renvoyée à des temps meilleurs, en laissant à la postérité le soin de déclarer égaux le grand roi et le grand poète. Il a prôné, de biais, l'abolition des privilèges de naissance. Mais l'éloge est si amplement fleuri que le discours fait l'admiration de la ville, de la Cour et du roi. Chacun trouve de la paille dans son ratelier. Racine a servi tout le monde. Ce principe d'égalité naturelle met à bas l'idée d'une hiérarchie native, elle fait la part belle au mérite. Cette « étrange inégalité », aucune noblesse ne la légitime, elle se soutient d'un privilège indu. Le souverain, l'ouïe en alerte, aimable dans son fauteuil, ne pipe pas. Il se fait réciter le discours par Racine avec cette qualité de diction insurpassable, et devant les courtisans béats, il exprime son sentiment : « Je vous louerais davantage, si vous ne me louiez pas tant. »

Bergeret était un homme de jugement qui possédait à fond les traités, les alliances, les cours étrangères. Il venait de suivre les tractations de la paix de Ratisbonne. Les fonctions qu'il remplissait au secrétariat des Affaires étrangères justifiaient le développement que Racine leur consacre. Et il a toutes les raisons, en faisant son éloge, d'ériger une statue à Louis le pacificateur. Il obéit à sa pente : depuis toujours, les plénipotentiaires ont exercé sur lui une fascination. C'est auprès d'un ambassadeur qu'il s'emploie à établir son fils après l'octroi de la survivance. C'est dans les arcanes de la diplomatie que l'historiographe étudie les guerres dont il retrace les causes. Dans l'étrangeté de ses horizons que le dramaturge a puisé le thème de *Bajazet*. Dans le prestige des rois accourus de tous les coins de l'empire qu'il a déterminé le jour où Néron comprit que sa mère le gênait et qu'il était empereur. Dans l'autorité des légations étrangères qu'il introduit la folie d'Oreste. La diplomatie s'exerce, par son principe même, au sein de la Cour. Auxiliaire du cérémonial, elle est à la majesté ce que les armes sont à la gloire.

Pour dorer la statue qu'il élève à Louis, Racine en fait un héros de roman. « Tout vit, tout marche dans l'histoire du Roi. » L'année passée, l'Europe tirait à hue et à dia, envieuse de la France et l'accusant de tous les maux. Louis, sévèrement soucieux des intérêts de la chrétienté, se retire dans son cabinet. Il est résolu. D'un trait, il achève les palabres, interrompt la guerre, dicte les termes de la paix. Il instruit en ce sens notre ambassadeur en Hollande. L'ennemi y voit une faiblesse, pinaille sur le trop, sur le pas assez, rien ne l'accommode. Louis alors devenant Jupiter tourne sa foudre contre les inconscients, ordonne qu'on prenne Luxembourg, s'avance aux portes de Mons, écrase Gênes sous les bombes et raye Alger de la carte.

Le désordre que Louis XIV dut affronter sur la scène extérieure ressemble comme un frère à celui que Corneille dut maîtriser sur la scène théâtrale. Par contre, la violence jupitérienne pour restaurer l'ordre s'oppose radicalement à la modestie par laquelle Corneille accordait les tempéraments qu'un air supérieur aurait échauffés. Tel est le second propos de Racine dans sa réception de Bergeret et de Thomas Corneille : le roi guerrier éblouit les cœurs, le roi pacifique et chrétien les réjouit. Cette leçon rejoint celle que l'abbé Colbert adressera au roi quelques mois plus tard au nom de l'assemblée générale du clergé pour protéger les hérétiques, nos frères. « Doux et sages moyens »... Dans le discours d'accueil, cette douceur prend le visage carré de Louis en diplomate guerrier, réalisant les attributs régaliens de sa puissance. Ce n'est pas le roi de bonté suggéré par l'abbé Colbert, mais le roi jaloux qui fait choir sa décision foudroyante. Telle est l'image qui représente ici l'aspect collectif et violent, autrement dit glorieux, de la majesté.

Le discours s'achève sur une prosternation qui ne pouvait qu'enchanter le roi. Un hommage qui illuminait la clef de voûte monarchique, et dont la charge de Bergeret fournissait le prétexte.

Bergeret, outre les Affaires étrangères, occupait les fonctions de secrétaire du cabinet du roi. Le titre était plus ronflant que les réalités. Mais il contenait le privilège d'un accès facile au quotidien du souverain : heureux ceux qui, comme notre nouveau confrère, ont l'honneur d'approcher par leur charge Sa Majesté de près, de « l'étudier dans les moindres actions de sa vie, non moins grand, non moins héros, non moins admirable, plein d'équité, plein d'humanité, toujours tranquille, toujours maître de lui, sans inégalité, sans faiblesse, et enfin le plus sage et le plus parfait de tous les hommes ! ».

Le discours s'arrête net ainsi.

Lorsque Bergeret vint à mourir, en 1694, Racine postula aussitôt à l'acquisition de sa charge — on le sait par la *Gazette* —, mais rata le coche. Il n'avait pas à rougir, ses concurrents étaient ses amis : La Loubère, Charpentier, les barons Louis de Beauvais et Tonnelier de Breteuil, le marquis de Chamlay, Jules-Louis Chamlay surtout, de fraîche noblesse, gros homme blond court sur pattes, cartographe sans pareil et rompu aux campagnes, soutenu par Louvois, soupçonné d'un rôle crucial dans les atrocités du Palatinat, émissaire spécial de Louis XIV chez lequel il avait, comme Racine, ses « privances » (Saint-Simon désigne ainsi la familiarité du roi).

Respirer dans l'air de l'idole, entendre sa voix, lui soumettre un avis, hasarder une question, voir son regard vous voir. « Je vous louerais davantage... » Quelle louange plus absolue que celle qui descend de sa bouche ? Les élus des premiers cercles sont oints d'une espèce de grâce, privilégiés au sens propre, bénéficiaires d'une loi privée, de *privatus*, particulier, et *lex*, loi.

Ce n'est probablement pas le sentiment qui l'anime, Racine, en 1694, quand il tente d'acquérir la charge de Bergeret. Il a pris du recul.

Mais c'est bien un amour passionné pour Louis le Grand qu'il exprime haut et clair le 2 janvier 1685 devant l'Académie tout entière puis en foule dans le cabinet, quand, à la fin du discours, il décrit son rêve : se rapprocher du roi, le contempler dans son particulier, dans cette part invisible et affective de la majesté qui échappe au commun, non la part flamboyante de la majesté en armes, ni la part mystique de ses couronnements, mais la vie personnelle, au-delà des rituels.

C'est la troisième chose que Racine souhaitait dire : l'infini bonheur de la proximité du roi — dont il éprouve un avant-goût déjà, en tant qu'historiographe —, le bonheur renouvelé sans cesse et d'autant plus désirable, car quotidien, celui dont bénéficie Bergeret. Et il rêve sans le dire de ce dernier et inaccessible bonheur enfin, qu'il ne peut pas avouer — mais il suffit de lire sa lettre à Boileau du 24 août 1687 pour le connaître —, la joie indicible de converser avec le monarque dans un parc à Marly, oubliant la Cour, la ville, les agents du Trésor et les mauvais poètes, dans le saint des saints de l'intimité où la majesté, ôtant ses parures, accueille ses favoris en mère sublime et tendre.

RÉVÉRENCE

Racine était Étéocle ou Polynice, au choix, les deux frères ennemis de la *Thébaïde*, dans la rivalité de la ressemblance. Et en même temps il était Titus, le prince qui renonce à l'amour pour épouser ses tâches impériales, posant dès cet instant, à son corps défendant, entre Bérénice et lui, comme entre son ami Antiochus et lui, cette distance sans limites qu'instaure la majesté. La « tristesse majestueuse qui fait tout le plaisir de la tragédie » selon la préface de *Bérénice*, cette tristesse est là : non dans l'amour qu'il faut quitter, mais dans l'éloignement infini où sombre l'égalité du rapport amoureux. Rome, l'empire, la tradition, le grand Tout de la majesté qui rejette Bérénice vers l'Orient désert, laisse Titus interdit, ne sachant comment dire je vous quitte, envahi par un silence à la hauteur du trône parfait.

Proximité immédiate des frères, distance du nouvel empereur, le théâtre de Racine marie l'obsession du double au thème lancinant du rang et de l'éclat.

Les frères de la *Thébaïde* en lutte pour le pouvoir s'affrontent dans un égorgement de mots, puis ils se précipitent l'un sur l'autre et se tuent. Jocaste s'interpose en vain. Aucune loi au-dessus, aucun arbitre ou tiers : rivalité brute.

Titus se dresse à l'inverse dans toute la puissance de la loi. Lors de la nuit de l'apothéose que se remémore Bérénice, il reçoit de Vespasien, son père monté au ciel parmi les dieux, l'aura qui retombe par un effet de grâce sur l'adoration des sujets qu'éblouit sa grandeur. Émane de lui une lumière ardente et lourde, les flambeaux, le bûcher, les faisceaux, les légions et les plénipotentiaires rassemblés. Le pouvoir de Titus est un pouvoir prodigue. Il ne tire pas son éclat de la vénération des soldats, du sénat ou des ambassadeurs : c'est le sien qui retombe sur eux. Principe d'oblation, Titus est à la source du don.

Il occupe le centre du charisme, qui est Éros, moteur du pouvoir et raison des adieux, quittant Bérénice au nom de l'État hermétiquement embrassé. En adhérant à cette loi qui se confond avec Rome, Titus exclut l'amour. L'amour, dans *Bérénice*, n'est qu'un débris de la puissance.

Mais si la majesté de Titus s'oppose à la rivalité des frères, elle s'oppose également au sceptre de Néron. Celui-ci détient un pouvoir pervers, il incarne l'envie, le désir prédateur et les voies frelatées d'une majesté reçue : Agrippine, enfin lucide, revoit « ce jour, ce triste jour » où les ambassadeurs délégués par tous les rois de l'empire sont venus à Rome prêter allégeance au nouveau maître. Elle s'apprêtait à prendre place auprès de lui sur le trône devant les émissaires, quand, laissant éclater son dépit, Néron se lève, court vers elle, l'étreint et l'écarte. Couronné par le crime et l'intrigue, il s'abîme dans le miroir que lui tend l'univers accouru, dénature le lien filial et coïncide avec la Totalité (Burrhus à Agrippine : « Ce n'est plus votre fils, c'est le maître du monde »). La Totalité se révèle une mère encore plus dévorante.

Né dans la pompe subjuguée des plénipotentiaires, encouragé dans ses crimes par l'affranchi Narcisse, Néron devient captif de ces regards d'esclaves. Son autorité ne découle pas de son aura personnelle, mais du regard allogène des délégués de l'empire. Au-dessus de lui, une loi dévoyée : Agrippine écartée, rien ne bride l'éblouissement dont il s'enivre au spectacle des légations. Tandis qu'au-dessus de Titus veille le père, emblème des lois romaines et de la tradition.

Haine prénatale des frères ennemis, nuit de l'apothéose : le respect transcendant du prince exclut la rivalité du même. À la parité envieuse de l'égalité répond la disparité généreuse de la majesté. Néron, lui, empoisonne le pouvoir par la jalousie où il s'abandonne. Meurtrier de Britannicus son frère, livré à la Totalité qui le conduit à tout posséder, à tout vouloir, il contamine son sceptre, le pervertit et le dément. La majesté ne tolère pas le mélange. Elle a pour fonction au contraire d'expulser du pouvoir monarchique toute trace d'égalité, de le sauvegarder des miasmes de l'envie.

Autre remarque : l'essence de la majesté réside dans la différence absolue qui distingue le plus du moins, le *major* du *magnus*, illustrée par la pourpre des toges. Le comparatif se fonde sur le superlatif creusé en son sein. Ce *plus* que possède le roi constitue un privilège sans égal. C'est que la majesté englobe. Elle relie les parties au tout. Elle ordonne, classe, hiérarchise, apaise. Elle est le fléau de la balance. Elle est la frontière du fort, le sanctuaire du faible.

Au cinquième livre des *Fastes*, où il met en scène l'institution de la majesté, et que l'historien Yan Thomas a finement étudié, Ovide brosse une allégorie : après le Chaos, la Terre descendit dans les régions inférieures en entraînant les eaux avec elle. Le Ciel prit place en haut, avec le Soleil et les étoiles. Mais la Terre ne respecta pas longtemps cette prééminence, l'ordre des choses bascula :

Tous les degrés d'honneur étaient égaux.

Souvent, sur le trône que Saturne occupait, quelque divinité issue de la plèbe osait s'asseoir, jusqu'au moment où Rang (*Honos*) et Révérence (*Reverentia*) s'unirent, et que de l'union naisse *Majestas*. Sans plus attendre, celle-ci vint loger au milieu de l'Olympe, accompagnée de Pudeur et de

Crainte ; les dieux l'imitèrent et suivirent sa conduite :

> *Aussitôt entra dans les esprits le respect des dignités,*
> *Ceux qui le méritent sont appréciés, et chacun cesse*
> *de se préférer aux autres.*

Mais un jour Saturne fut jeté au bas du trône. La Terre enfanta les Géants, qui provoquèrent Jupiter au combat.

Jupiter lance sa foudre, abat les séditieux, rétablit son autorité. Près de lui Majesté est assise. Elle est le plus fidèle de ses gardes, et protége sans violence son pouvoir :

> *C'est elle qui assure aux pères et mères le respect*
> *pieux qui leur est dû ;*
> *Elle qui recommande les faisceaux et l'ivoire curule,*
> *Elle qui se tient debout sur le char des triompha-*
> *teurs.*

Majesté garantit la hiérarchie des pouvoirs. Son influence va de Jupiter aux chefs de famille en passant par les rois et les magistrats. Revêtue de paix, d'or et de pourpre, elle sacralise les faisceaux des licteurs, le siège curule et le char des triomphateurs. À la confusion de l'égalité qui nivelle les honneurs, la majesté substitue le respect des dignités.

Elle sauve l'ordre du monde en se reposant sur l'accord de tous, dieux de l'Olympe inclus, qui se conforment à ses vœux avec crainte et pudeur, conscient chacun de sa place, apprécié chacun selon son mérite, et chacun déterminé par son rang. La majesté assure une égalité non de statuts, mais de traitement : elle est équitable. À l'intérieur des cercles distribués de bas en haut, nul n'empiète : elle est pacifique, pacifiante et paisible. Sans armes, par le seul effet de sa présence.

Éblouissante dans ses atours, Majesté revêt le monarque de ses attributs et le met dans une bulle étanche. Dans la Rome des Césars, arborer un manteau de pourpre valait lèse-majesté. À Versailles, toute atteinte à l'intégrité du roi se reçoit comme un sacrilège. Louis Dieudonné est consacré, il est le délégué du Dieu chrétien, et sa personne est sanctifiée dans un redoublement de grandeur inviolable.

Louis XIV écrit dans ses *Mémoires pour l'année 1662* : « Il y a des nations où la majesté des rois consiste, pour une grande partie, à ne se point laisser voir, et cela peut avoir ses raisons parmi des esprits accoutumés à la servitude, qu'on ne gouverne que par la crainte et la terreur ; mais ce n'est pas le génie de nos Français, et, d'aussi loin que nos histoires nous en peuvent instruire, s'il y a quelque caractère singulier dans cette monarchie, c'est l'accès libre et facile des sujets au prince. C'est une égalité de justice entre lui et eux, qui les tient pour ainsi dire dans une société douce et honnête, nonobstant la différence presque infinie de la naissance, du rang et du pouvoir. » En dehors de la version optimiste du règne, Louis le juste diffère d'Assuérus, le roi caché d'*Esther*.

Prince visible, monarque ostentatoire, il suscite, comme Majesté, les identifications par où les courtisans incorporent sans efforts la discipline qu'il exige. Fin mars 1698, Louis souffre d'un érysipèle dont le placard rougeâtre lui dévore la jambe droite, ce qui déplaît fort à ses serviteurs, inquiets de la contagion. Lettre de Racine à son fils, le 25 avril de la même année : depuis quelque temps, il se sent embarrassé par « un fort grand rhume dans le cerveau, un rhumatisme dans le dos, et une petite érysipèle ou érésipèle sur le ventre ». Ces incommodités douloureuses l'empêchent de dormir. Plus particulièrement les plaques, à cause des cuissons qu'elles lui causent. Quinze jours plus tôt, il écrivait à Mme de Maintenon la lettre où il s'angoisse de la colère du roi.

Les concurrents s'affrontaient à mains nues dans la république des Lettres, désireux de séduire le roi qui réglait les litiges. Dans la concurrence acharnée que suscitait son prestige, ce prestige même disciplinait le chaos possible en un ordre assumé. C'était son ambition : contenir les rivaux pour distinguer les meilleurs. Délibérément, il recourut au principe de plaisir davantage encore qu'à la réalité matérielle de ses dons pour aliéner l'autonomie des nobles. Car la majesté est gratuite, comme la jouissance.

Racine a abandonné le théâtre pour la même raison que Titus quitte la reine.

En renonçant à la tragédie après *Phèdre*, Racine renonce à l'amour, prend femme, fait sept enfants, devient l'un des importants du régime. Titus renvoyait Bérénice pour épouser l'État, Racine se sépare du théâtre et des comédiennes pour devenir le chantre du roi. Dire qu'il fit carrière ne suffit pas, même sous la forme d'un *cursus honorum*. De la carrière, il ne suivit pas le cours linéaire, la piste de sauts d'obstacles avec au bout, offert au plus rapide, un titre ou un sac d'écus pendu au mât de cocagne. Racine a créé son parcours sans savoir, au moins dans les débuts, quelle réussite viser, vers quels profits tendre. Tout restait à naître dans le règne qui s'inventait. Par contre, il s'est attaché dès le départ à fondre son œuvre dans celle du souverain, non seulement par son théâtre, mais par sa vie.

De 1677 à sa mort, il l'a serré au plus près dans une allégeance insatiable et transie.

Il lui a sacrifié la scène et les passions – Thérèse Du Parc, la Champmeslé – apparemment sans regrets. Aucune mention dans sa correspondance. Et pour cause : seul un billet au P. Bouhours, sans doute de 1676, sur les quatre actes d'une tragédie qu'il lui envoie, *Phèdre* probablement, nous est demeuré de la période. Mais le sacrifice ne laisse aucun doute : contemporain de sa nomination comme historiographe, à la mi-septembre 1677, le mariage avec Catherine de Romanet, orpheline dans la fleur de l'âge issue d'une famille de magistrats de Montdidier, noblesse de robe estimable, a lieu le 1er juin 1677 sous les heureux auspices des cosignataires du contrat, le prince de Condé, le duc de Chevreuse, Colbert son beau-frère accompagné de ses fils.

Il sacrifie ce qui l'attisait jusqu'alors, le succès sur les planches et chez les actrices. On l'a présenté en jaloux féroce, c'est possible : la Voisin, l'empoisonneuse qui finit dans les braises, le disait atteint d'une « extrême jalousie », « jaloux de tout le monde ». Boileau lui attribuait un tempérament « railleur, inquiet, jaloux et voluptueux ». Semblable esprit d'amère raillerie d'après son fils Louis, pourtant hagiographe des plus benêts, parlant du talent de son père pour les épigrammes. Le président du Parlement Chrestien de Lamoignon, bien que son ami, décelait en lui une « malignité profonde ». Lui-même se montre dans ses préfaces un théoricien passionné, susceptible, revanchard et cinglant. La parodie bouffonne de *Bérénice* par le Théâtre-Italien l'humilie, c'était dans de pareils moments, se souvient Louis, que le métier de poète dégoûtait son père.

Il s'est retiré pour épouser une jeune fille si ignorante de théâtre et de poésie que rimes masculines ou féminines, pour elle, pas de différence. Elle n'a jamais vu ni lu ses pièces, à peine sait-elle qu'il fut auteur. Un mariage socialement cohérent, affectivement arrondi, intellectuellement disparate, religieusement accordé, financièrement symétrique et sexuellement routinier. Épouse et mère attentionnée, Catherine témoignait d'une piété sans faille et dirigeait sa maison d'une main tendre : un mariage harmonieux.

Un chromo.

Mais sur quelles ambitions reporter cette vitalité qui le rendait odieux à ses ennemis ? Car Racine ne parle pas d'adversaires ou de concurrents, encore moins de confrères : « Je n'ai qu'à renvoyer mes ennemis à mes ennemis », préface d'*Alexandre*. Quels objectifs fournir à ce besoin de combats ? Nommé historiographe, il n'a pas trente-huit ans, elle continue de bouillonner, cette énergie teigneuse qui le propulsait depuis près de quinze ans. Ce ne sont pas les séances à l'Académie, même assidues, qui épuisaient l'instinct de tueur.

Il transfère sa libido sur l'image du roi. Louis XIV devient sa promesse. Non pas l'individu de poils et de chair, mais la puissance faite homme. Louis le vertical devient sa passion.

Dans *Le Roi-Machine*, Jean-Marie Apostolidès observe à juste titre que Louis XIV a attaché la noblesse à l'État par le détournement du sentiment féodal qui lui était porté. La pertinence de la remarque suppose, de la part des courtisans, un déplacement des affects. « Qui considérera que le visage du prince fait toute la félicité du courtisan, qu'il s'occupe et se remplit pendant toute sa vie de le voir et d'en être vu, comprendra un peu comment voir Dieu peut faire toute la gloire et tout le bonheur des saints. » La Bruyère, *De la Cour*.

Louis détourne à son bénéfice l'énergie de Racine et des autres comme il a détourné l'eau des rivières pour les bassins de Versailles. Il a pompé au profit de sa grandeur la libido de ses sujets, jusqu'à plus soif.

À l'abbé Le Vasseur, lundi 13 septembre 1660 le matin, Paris. C'est l'une des toutes premières lettres de Racine, qui jubile. Son ode sur l'entrée de Marie-Thérèse dans la capitale a obtenu auprès de Chapelain, arbitre officiel des tournois de poésie, l'éloge fébrilement espéré. Perrault aussi l'a lue et appréciée. Chapelain eut même l'obligeance de consigner ses commentaires par écrit, que Racine a respectés au mot près. Pour la première fois, il n'a demandé conseil à personne, il a travaillé seul, taillé la rime, cousu et reprisé, et Chapelain a opiné entre deux accès de fièvre ou deux selles sanglantes, on ne sait pas, sinon qu'il était malade. Le reproche que Racine adresse à l'abbé porte sur l'isolement où il l'a laissé, mais dont on perçoit combien il est fier. Racine a besoin de lecteurs pour écrire, il écrit pour eux. Cette fois il a ouvragé seul son ode, comme s'il s'était rassuré (l'affirmation d'un goût personnel délivré des censeurs académiques et des faiseurs d'opinion fut l'une des grandes affaires de sa vie ; fiez-vous à vos pleurs, oubliez les règles, il n'en existe qu'une : plaire, exhorte-t-il ses spectateurs dans la préface de *Bérénice*). Et le voilà à blâmer Le Vasseur de ne plus se manifester que par courrier. S'imagine-t-il, l'abbé, qu'il en aura plus d'autorité sur lui ? qu'il en conservera « mieux la majesté de l'Empire, *cui major ex longinquo reverentia* » ? Sa citation est extraite des *Annales* de Tacite, « pour lequel on a de loin un respect plus grand ».

Il faut croire que la *reverentia* habitait Racine, puisqu'il reprend la citation dans la seconde préface de *Bajazet* en 1676, conservée dans les deux éditions suivantes de 1687 et de 1697, pour justifier le choix du sujet, une aventure survenue dans le sérail peu avant le milieu du siècle. L'aventure est récente, c'est pourquoi il écrit dans la préface : « On peut dire que le respect que l'on a pour les héros augmente à mesure qu'ils s'éloignent de nous : *major ex longuiquo reverentia* ». Profondeur du temps, éloignement géographique, les deux plans se rabattent l'un sur l'autre. Les Turcs nos contemporains se tiennent aussi loin de nous que les Grecs, les Parthes et les Romains.

La *reverentia*, c'est le respect mêlé de crainte, l'effet provoqué par la majesté sur ceux qui l'approchent. Nourri de Tacite dès son séjour aux Petites Écoles, la notion l'a marqué, Racine. Il n'a cessé de rêver dans ses tragédies sur le lien entre les lointains et la majesté : *Alexandre* sur l'Hydaspe, *Andromaque* à Buthrot en Épire, *Mithridate* à Nymphée sur le Bosphore cimmérien dans la Taurique Chersonèse, *Phèdre* à Trézène, *Esther* à Suse, *Athalie* à Jérusalem dans le temple du grand prêtre.

Racine pourtant ne s'est jamais intéressé à l'étranger. Les pays ne le retiennent que par les livres. Personne n'a moins eu l'âme d'un voyageur. Pas une fois, dans ses lettres à son fils attaché d'ambassade à La Haye dans les années 1697-1698, il ne l'interroge sur les paysages, les monuments, les mœurs ou la mentalité qui l'environnent. La vieille animosité entre la Hollande et la France l'a familiarisé avec les comptes rendus des gazettes, mais les réalités locales lui échappent. Il n'a d'yeux que pour la carrière du fils, son respect de l'ambassadeur, son sérieux dans le travail, s'il apprend bien l'allemand comme promis, les dépenses à ménager, son déplorable oubli de Dieu. Le fils vivrait dans une rue voisine, ce serait du pareil au même.

À deux exceptions près : l'arrivée du roi d'Angleterre Guillaume III à La Haye le 1er août 1698, et surtout l'entrée officielle de l'ambassadeur dans la somptuosité d'une procession diplomatique, ajoutée à la satisfaction, pour le fils, de disposer en l'occasion d'une veste idoine.

Majesté des cérémonies, absence d'intérêt pour le pays réel.

L'été bourdonne avec le chant des cigales qui lui scie les tympans, jeune homme de vingt ans devant sa fenêtre à Uzès en juin 1662, alors que dehors les moissonneurs rôtissent sous la canicule, lui ne sort pas, il a trop chaud, il parle de la vue face à lui sans bouger, les gerbes de blé coupé qu'on lie à mesure, porté à l'aire et battu aussitôt, et il explique à Le Vasseur que sa bibliothèque se limite à des livres austères, sommes théologiques, Pères grecs, méditations, pas un de français, sans compter ceux que les gens de la ville lui apportent, à lui le docte déjà, grandement étonné de la diffusion de Pascal dans ce Languedoc peuplé de protestants qu'il situe hors de France comme une contrée barbare, des *Nouvelles Méthodes* pédagogiques de Lancelot, des *Plaidoyers* de Le Maître, tout en lisant *Orlando furioso* de l'Arioste, Pétrone, Virgile et saint Thomas. Racine se limite à de brefs aperçus sur le paysage, il ne regarde rien, un peu les arènes de Nîmes, à peine le décor. De Nîmes, il conserve le feu d'artifice qui a coûté deux mille francs à la ville. C'est l'anti-Fagon sur ce point. Racine ne cueille pas grand-chose, il ne bouge guère, il est vêtu d'un habit de drap noir d'Espagne qui a coûté vingt-trois livres, et il interpose entre le sud étouffant et le jeune poète de Paris si fier de sa langue, qui est celle du roi, l'épais lorgnon des références livresques qui forment l'essentiel de sa curiosité.

À la sortie de Lyon, sept mois plus tôt, pressé d'embarquer sur le Rhône pour continuer son chemin vers Uzès, et d'obtenir un billet de sortie auprès du magistrat de l'endroit, il tombe, avec ses compagnons de voyage, sur un échevin fort grave qui, leur ayant délivré avec solennité l'autorisation requise, se déride et demande : « *Quid novi ?* Que dit-on de l'affaire d'Angleterre ? » L'ambassadeur d'Espagne a offensé le nôtre à Londres le mois précédent, querelle de préséance. La question est de savoir si le roi interviendra. Les voyageurs n'ont pas de réponse. Le roi fera la guerre, reprend le magistrat, « il n'est pas parent du P. Souffren ». Autrement dit, pas du genre à tolérer l'injure. « Nous lui fîmes lors la révérence et je fis bien paraître que je ne l'étais pas non plus ; car je le regardai avec un froid qui montrait bien la rage où j'étais de voir un si grand quolibetier impuni. » L'échevin semble irrévérencieux à

Racine. On ne parle pas ainsi du roi. Tout ce qui l'abaisse le détruit.

Dans son théâtre, il représente des héros lointains dans l'espace et le temps, sous ces mêmes soleils écrasants qu'il supporte si mal à Uzès, dans ces palais faits des mêmes pierres que celles des arènes qui le retiennent, sans plus, à Nîmes, dans ces ports où il n'est jamais allé.

Mais le héros le plus éloigné, le plus chargé de *reverentia,* le plus immensément séparé de lui par le rang, et simultanément le plus proche sur le plan du temps et de l'espace, le héros qui alliait à la perfection la proximité physique et l'éloignement sans limites, s'il l'a cherché dans la littérature, c'est qu'il l'avait déjà trouvé dans la réalité, c'était Louis le Grand.

Ce 24 août 1687, Racine revient de Marly où le roi s'est montré caressant : Louis s'y sent libre, et nommant les gens qu'il emmène, chacun s'y plaît. Monseigneur son fils, la princesse de Conti sa fille et d'autres dames se sont gavés de quinquina à la fin d'un déjeuner splendide avant d'aller s'empiffrer au dîner trois heures après. Est-ce abuser ? On présentera bientôt le quinquina comme le café et le chocolat, à la fin des repas. Débat considérable. Mais Sa Majesté a eu la bonté de le questionner sur la santé de Boileau (Racine lui-même n'allait pas si bien en juillet, il souffrait d'un sérieux mal de gorge depuis janvier. Les rhumes sont inquiétants en ce temps-là, et les extinctions de voix terrifiantes. Un baryton de Notre-Dame fut six mois réduit au silence, perdu pour le chant sans les infusions d'*erysimum* prescrites par Morin, dont Fagon fait grand cas). Avec le récit de la bataille de Neerwinden, cette lettre est l'une des rares où Racine lâche la bride à sa plume, s'autorise même un soupçon d'humour : le quinquina, dit-il à Boileau, devrait vous être « plus favorable qu'à un autre, vous qui vous êtes enroué tant de fois à le louer ». Et cet homme qui a le velouté d'un prélat avec ses bajoues empesées sous un flot de perruque dans son portrait par Santerre, l'œil académique, le sourcil compassé, se permet, décidément léger, lui qui ne l'est jamais, de rebondir sur une petite cruauté de Boileau décochée à Pradon leur ennemi commun.

Boileau le logorrhéen dont se délectent les auditoires est aphone. Il déprime entre Bourdier son médecin, de rares visiteurs et son apothicaire, et Racine le soutient, visite Fagon à Versailles, dont il note les oracles, à qui il remet le pesant mémoire rédigé par Bourdier pour avis autorisé et médication décisive. Racine se ronge pour Boileau, et cependant cette lettre du 24 août 1687 respire la bonne humeur. On y éprouve comme un parfum de joie. C'est un jour de bonté. Il en est peu, dans la vie de Racine, des jours de bonté. Ce jour à Marly en est un. Tout fut si délicieux et brillant. Et quand Sa Majesté lui a parlé, il en est sorti charmé, comme chaque fois qu'il a le bonheur de sa conversation. Mais aussi, comme chaque fois, dans l'émotion, il ne lui a répondu que par des platitudes : il a près de cinquante ans, il est gras et sa science intimide, c'est l'un des esprits les plus vifs de la Cour, mais devant le roi Racine perd ses moyens, il répond par du vent, il devient tout bête.

Louis XIV termina ses campagnes personnelles au printemps 1693 lors du siège de Mons.

Il n'emmènera plus les dames contempler les remparts. Il quitte le charivari des camps militaires. Neerwinden en juillet, fameuse victoire, mais remportée par Luxembourg. « Nous nous en retournons à Paris », écrit Racine le 9 juin depuis les Flandres. Les duchesses remballent leurs éventails historiés et les petits marquis leurs cravates de dentelles.

En juillet, le roi décide de prendre un congé d'un mois qu'il passe à Marly. Du jour au lendemain, il rompt avec une tradition qui faisait le sel de sa vie. Prince conquérant sur le déclin, il prive les champs de bataille de l'armure étincelante du roi guerrier. Racine, qui évolue dans son sillage, ne s'attarde pas à donner les raisons de cette retraite, il n'en propose aucune. Il se peut qu'il ait partagé le secret dévoilé par Fagon dans son journal, sur les vapeurs accompagnées de chagrins qui prirent Louis début juin et lui durèrent jusqu'en août. Dans sa correspondance privée, autrement dit dans ses communiqués publics, la Maintenon veut laisser croire que la décision relève d'une donnée stratégique sur l'armée d'Allemagne, avant de se réjouir que l'intérêt de l'État contraigne le monarque à revenir à Versailles. Il se porte à merveille, ajoute-t-elle.

Mais sous le tout-va-bien, les vertiges.

Peut-être Louis avait-il prévu son retrait, ayant fait sept maréchaux en mars, dont Tourville bientôt vainqueur au cap Saint-Vincent et Catinat à La Marsaille, et il a créé en mai le cordon rouge de l'ordre royal et militaire de Saint-Louis, comme s'il préparait la relève. Peut-être, s'il met un terme à ses cavalcades, est-ce par déception devant la situation mitigée de la guerre, ou par fatigue après des revues de deux cent mille hommes, toutes aussi éreintantes que celles dont se plaindra Racine quand, en juillet 1698, il refusera pour la première fois de faire le voyage de Compiègne, ayant vu assez de troupes et de campements.

Mais il se peut simplement que Louis XIV se retire des carnages comme on s'éloigne volontiers de la viande, passé un certain âge. Il prend un congé d'un mois, avant de fixer la Cour dans le triangle formé par Versailles, Fontainebleau et Marly.

Racine épouse sa courbe. Il assiste en octobre au siège de Charleroi, puis il quitte les batailles pour rester au plus près, comme ses fonctions l'exigent, de la confiance nourricière de son prince.

TOURNOIS

Il est double, Racine, triple même, construit en patte d'oie : l'axe du monarque, éblouissant de pouvoir et de gloire. L'égalité démocratique de l'Académie, avec ses débats de confrères, son directorat tournant et la discipline d'un doyen, Corneille, égal aux rois mais débonnaire. Enfin l'égalité sauvage à la Pradon, l'auteur de tragédies, Pradon le bouffon, Jacques Pradon natif de Rouen, le souffre-douleur de Racine, son persécuteur et son faire-valoir, un bonhomme de taille moyenne soupe au lait qui ne payait pas de mine dans ses justaucorps négligés sous des manteaux d'écarlate, annoncé par un menton en galoche au bout d'une figure allongée qui surprenait par son air commun.

Il était pays de Corneille, Jacques Pradon, et disciple doctrinaire : que l'on jette toutes les tragédies de Racine dans un cornet, écrit-il dans son *Épître à Alcandre*, on n'en tirera pas une once de Corneille. Néanmoins disciple au petit pied, quoique La Bruyère l'ait tenu en estime et qu'il ait rencontré du succès. Des débuts encourageants avec *Pirame et Thisbé* à l'hôtel de Bourgogne en 1674, dédicacée au duc de Montausier longtemps gouverneur de Normandie, protecteur des Palinods poétiques de Rouen et bientôt protecteur de Jacques, celui-ci monte à Paris, il a trente ans, le curé de Saint-Godard l'a baptisé le 21 janvier 1644, fils de Jacques Pradon avocat en la cour et damoiselle Marguerite de Lastre, famille d'honorable réputation dans la prospérité rouennaise, férue de poésie par les deux branches.

Joseph le cadet concourt régulièrement au tournoi des Palinods, il remporte le prix de l'ode française puis celui de l'ode en vers alcaïques dans les années 1670, plus tard nommé curé de Braquetuit grâce à l'intervention de la duchesse de Longueville, aux penchants jansénistes connus. Or Jacques Pradon le père et son fils Jacques souscrivent sur les registres de la congrégation de la Sainte Vierge fondée par les jésuites : ils en sont membres. Pradon penche pour la compagnie de Jésus. Mais le parrain du baptême surtout mérite attention : noble homme maître Guillaume Godefroy, titulaire de la charge de grenetier au magasin à sel d'Évreux. Bien que l'évêché d'Évreux l'emporte sur La Ferté-Milon, les métiers du fisc d'où proviennent Racine et Pradon s'apparentent.

Tamerlan ou la Mort de Bajazet fut un échec selon Subligny, qui ajoutait aux défauts de la pièce les brigues scandaleuses de Racine. Et de fait Pradon se plaint dans sa préface que, « si *Thisbé* n'avait pas été si loin, peut-être qu'on eût laissé un libre cours à *Tamerlan* et qu'on ne l'eût pas étouffé, comme on l'a fait, dans le plus fort de son succès ». Mais tout est relatif : Titon du Tilly parle d'applaudissements soutenus, assurant même qu'on enveloppait dans une seule formule « l'heureux Tamerlan et le malheureux Pradon ». Preuve que ce dernier avait assez bien réussi, tout en joignant difficilement les deux bouts avec ses chausses évasives et les flottements de sa réputation.

Pourtant sa *Phèdre et Hippolyte* démarra fort en janvier 1677, avant de s'effondrer. Racine la craignait, il persuada la veuve de Molière de refuser le rôle, puis intervint auprès de la Montespan pour qu'on en diffère la représentation, ce que Louis refusa. Ensuite le théâtre Guénégaud où se jouait la pièce fut déserté dans les quinze jours par les aristocrates qui occupaient les loges et par le tiers état du parterre, laquais, boutiquiers, commères, nobles déchus, au profit de l'hôtel de Bourgogne qui jouait *Phèdre*, de Jean Racine.

À propos de sa *Troade*, qu'il donne en janvier 1679, Bussy-Rabutin écrit tout bonnement : « Pradon a voulu par la *Troade* qu'il a faite nous récompenser de *Phèdre* ; ses amis n'en disent mot et les autres s'en moquent. »

En janvier 1688, son *Regulus* fit un triomphe. La publication en fut même annoncée à sons de trompe par une affiche du libraire, on « vend icy chez Thomas Guillain, sur le quai des Grands-Augustins à la descente du Pont-Neuf, à l'Image Saint-Louis, *La Tragédie de Regulus mise au théâtre par Monsieur Pradon*. Cette pièce occupe le théâtre depuis trois mois. On peut dire qu'il n'y a rien de si parfait, que depuis dix ans on n'a rien vu de si touchant ; elle a tiré des larmes de la Cour et de la ville ; enfin, c'est le plus beau sujet qui ait paru sur le théâtre ; le prix n'est que 30 sols en parchemin ».

Aux dires de Boileau, Pradon prenait la métaphore et la métonymie pour des termes de chimie — le ravalant au-dessous du peuple qui le sifflait au parterre en lui envoyant des pommes.

Néanmoins, un an avant sa mort (qui n'inspire pas une ligne à Racine dans sa correspondance, ni aux gazettes, hormis *Le Mercure galant* qui lui consent vingt mots), son *Scipion* est bien reçu, complimenté avec l'accent allemand par la Palatine dans une lettre de mars 1697, où elle considère que « c'est la meilleure pièce qu'ait composée Bradon ».

Racine et lui se sont cherché des noises tout au long de leur carrière. Les références à Pradon dans le grand œuvre de Raymond Picard sont moitié moins nombreuses à peine que les mentions de Boileau. Paul Mélèse le cite toutes les dix pages dans *Le Théâtre et le public à Paris sous Louis XIV*, « le lamentable Pradon », écrit-il, « le dépit de ce méchant auteur ». Mlle des Houlières, dont la mère avait pris l'impécunieux sous son aile, constate que « dans le temps où Racine faisait des tragédies, Pradon en faisait aussi. Quoique M. Racine fût très au-dessus de Pradon, il ne laissait pas de le regarder comme une espèce de concurrent, surtout quand il sut que Pradon composait en même temps que lui la tragédie de *Phèdre* par émulation, et qu'il avait doublé celle de M. Racine sur le récit que Pradon lui en avait ouï faire ».

D'où la querelle des pièces rivales et des sonnets orduriers de janvier 1677, quand la pièce que Racine avait mis plus d'un an à polir eut à supporter la tragédie de Pradon bâclée en trois mois.

Ce genre de duel n'était pas si rare. Racine avait écrit la *Thébaïde* sur les traces de Boyer, et son *Alexandre* s'était heurté au même sujet traité par le même auteur, Boyer l'abbé graphomane, vraie machine à versifier (au sujet de sa mort à quatre-vingt-quatre ans, « on prétend qu'il a fait plus de cinq cent mille vers », dans la lettre à Jean-Baptiste du 24 juillet 1698). Il avait dû également affronter un *Britannicus* commis par le gazetier Robinet, et le *Tite et Bérénice* de Corneille. En octobre 1665, Quinault et Donneau de Visé s'étaient houspillés à propos d'une *Mère coquette* du premier et d'une *Mère coquette* du second. Pradon appelait émulation cette sorte de concurrence. Pour *Phèdre*, il ne s'en cachait pas, il avait voulu le duel ; et c'est parce qu'il avait pris tardivement connaissance du texte de Racine, que le temps lui avait manqué pour astiquer ses vers.

On doit aux ambitions de Pradon, voltigeur pour le compte des Mancini frère et sœur, Philippe duc de Nevers et Marie-Anne duchesse de Bouillon, la plus jeune des nièces de Mazarin, toutes aventurières et frondeuses, le sonnet paru dans Paris dès que la pièce de Racine fut jouée, sur Phèdre tremblante et blême dans un fauteuil doré, récitant des vers dénués de sens, avec le tercet bien vulgaire sur la « grosse Aricie aux crins blonds » qui « n'est là que pour montrer deux énormes tétons que malgré sa froideur Hippolyte idolâtre ». Assaut mené par une joyeuse tribu de bretteurs libertins — Nantouillet, Effiat, Guilleragues, Manicamp — où le duc de Nevers n'avait guère de part, et suivi, en représailles, d'un sonnet de la même eau mais en plus insultant contre Nevers lui-même, soupçonné d'inceste avec Marie-Anne et lui aussi idolâtre, sous le nom de Damon, mais cette fois des tétons de sa sœur. Le duc parla d'envoyer ses valets et ses chiens contre les sacrilèges. Racine et Boileau n'étaient que les présumés coupables. Louis XIV projetait de les nommer pour écrire son histoire. Un nouveau tir croisé fut livré. Alors Monsieur le Prince s'entremit, s'enquit des torts, fit taire les mauvaises langues et ranger les gourdins.

Pradon se voulait honnête homme. Il affectait un fort mépris pour les attaques *ad hominem*. Son domaine, c'était la critique littéraire. L'examen des œuvres et de leurs tares. Il publia à La Haye un opuscule qu'il intitula *Le Triomphe de Pradon sur les satires du sieur D****, où il prend le public à témoin, traite Boileau « d'exterminateur du menu peuple du Parnasse », puis se propose d'analyser quelques-unes de ses productions.

Dans le *Discours au roi*, Boileau écrivait : « Si mon cœur ne parlait par ma main. » À cela Pradon répond : « D'ordinaire, le cœur parle par la bouche, ici c'est par la main ; cela a au moins la grâce de la nouveauté. » Il condense sa conclusion sur le *Discours au roi* en y voyant « une multitude et une confusion d'images sans raison, sans liaison et sans ordre ». Dans son commentaire contre la *Satire I*, au sujet de « jette sur la Muse un regard », Pradon : « La Muse au singulier ne se peut souffrir ; mais elle sert à manger un *s*, comme l'auteur en avait besoin pour l'élision. » Contre la répétition, dans la *Satire II*, du mot *fertile* : « Fertile plume, fertile veine revient incessamment. On voit que notre auteur a peu de moules de vers, et quand la Muse enfante, dans ses fréquentes couches, elle fait servir les mêmes moules à plusieurs embryons. » Par habitude et conviction, Pradon défend la norme. Ainsi, quand Boileau écrit : « ravi d'étonnement », lui corrige par « plein d'étonnement ». En 1694, Pradon fait paraître à Lyon sa *Réponse à la satire X* que Boileau vient de publier contre les femmes. La préface de la *Réponse* met d'emblée les choses au point : la satire de Despréaux est nulle. Nulle et nulle. Il faudrait déjà qu'il connaisse les femmes de la Cour, n'ayant dépeint que celles de la rue Saint-Denis et de la place Maubert. Puis le critique littéraire précise son propos. Boileau était impuissant d'une opération de la vessie ratée en sa jeunesse. Pradon, avocat des femmes de Paris : « Il est vrai que privé des dons de la nature,

Le ciel ne te forma que pour leur faire injure. » Malgré tout, c'est d'abord au plan social que Pradon cherche à trancher les tendons de ses ennemis : Boileau peut toujours se donner un air goguenard, « on ne reconnaît que trop que c'est un bourgeois qui gausse ». Vile roture, Boileau-Despréaux, il n'est pas du grand monde. Et l'autre de lui conseiller de suivre les pas de Racine, un parvenu celui-là, qui a lâché les Belles-Lettres pour les privilèges de la Cour, et qui, récemment favorisé du ciel (nous sommes en 1694, peu après le brevet de survivance), « méprise un métier qui vient de l'anoblir ». Parmi ceux que révulsait l'élévation de Racine à la noblesse, Pradon jouait les chefs de horde.

Il se moque de la lâcheté des historiographes dans les batailles, joue sur le nom du mont Parnasse, où ils prétendent régner, et sur celui du mont Pagnotte, sobriquet des postes à couvert durant les combats. Il les condamne à l'occasion de manquer de respect envers Sa Majesté, et plus généralement envers la religion. De Racine enrichi, il raille les façons de courtisan, qu'il juge mal dégrossies. Face au mépris des deux poètes que le roi gratifie, Pradon assume non sans panache sa

condition de rival lamentable mais priori-
taire.

Racine lui retourne sans pitié les coups.
En cette même année 1694, il lui jette un
épigramme où l'empereur Germanicus, non
content d'avoir été persécuté par Tibère puis
empoisonné par Pison, était maintenant
chanté par Pradon. On le disait querelleur,
Jacques Pradon, et dépeint comme tel dans
une rixe, aussi hargneux que Racine, coqs vite
en fureur et l'insulte au bec, qui ne se las-
sèrent jamais de se picorer le jabot dans la
peur que l'autre l'emporte.

L'étrange n'est pas que Pradon se soit pris
pour son égal possible, se hissant au niveau
de Corneille le modèle, mais que Racine ait
avalisé cette prétention, et le public et les
critiques du temps. On trouvait la *Phèdre* de
Racine mieux écrite, celle de Pradon mieux
réglée. Les deux pièces coururent coude à
coude pendant quelques semaines. Pradon
releva le défi jusqu'au bout, jusqu'à *Scipion*
son dernier navet, l'époque l'y encourageait.
Entre le nain et le géant l'opinion percevait
des différences, mais aussi des ressem-
blances.

Dans *Phèdre et Hippolyte*, Pradon choisit de

faire de Phèdre la fiancée de Thésée, ce qui lui évite l'impiété de l'inceste, et d'Hippolyte un héros cornélien primitif qui « n'aime que la gloire, et déteste l'amour ».

Racine cisèle les nuances, Pradon cimente les contrastes.

La mort d'Hippolyte devient sous sa plume ceci :

> *Dans un calme profond la mer ensevelie,*
> *Ainsi qu'un vaste étang paraissait endormie,*
> *Et le zéphir à peine en ce calme si beau*
> *Érisait légèrement la surface de l'eau,*
> *Quand de son propre sein s'élève un prompt orage,*
> *L'eau s'enfle à gros bouillons menaçant le rivage,*
> *L'un sur l'autre entassés, les flots audacieux*
> *Vont frapper en grondant la foudre dans les cieux ;*
> *Une montagne d'eau s'élançant vers le sable*
> *Roule, s'ouvre et vomit un monstre épouvantable,*
> *Sa forme est d'un taureau, ses yeux et ses naseaux*
> *Répandent un déluge de flammes et d'eaux,*
> *De ses longs beuglements les rochers retentissent ;*
> *Jusqu'au fond des forêts les cavernes gémissent,*
> *Dans la vague écumante il nage en bondissant,*
> *Et le flot irrité le suit en gémissant.*

La différence de styles reflète la trinité des rangs : Louis en Roi-Soleil, Racine en scribe royal, Pradon en jaloux du scribe.

Dans les commencements du mois d'août 1687, Racine raconte à Boileau l'embarras des comédiens de la Comédie-Française forcés de déloger de la rue Guénégaud pour satisfaire la Sorbonne qui souhaite ouvrir dans le quartier le collège des Quatre-Nations, ensuite repoussés par le curé de Saint-Germain de l'Auxerrois, puis par le curé de la paroisse Saint-André, par le P. Lembrochons provincial des Grands-Augustins, et pour finir par les bourgeois du coin. Louvois a demandé un rapport. Pendant ce temps-là, Boileau soigne aux eaux de Bourbon son extinction de voix. Sa santé est préoccupante, et Fagon — Racine le répète — insiste beaucoup sur la nécessité de revenir à Paris si les eaux continuent de ne faire aucun effet — ouvrir l'appétit, rendre des forces. Avant de l'expédier là-bas, on l'a purgé, saigné, à présent il s'alimente de lait d'ânesse et de prédictions toujours démenties qui le rendent morose. Les lettres que lui adresse Racine le remplissent de douceur, le souci qu'elles ont de sa santé, leur ton d'amitié, il a envie de pleurer, Boileau le caustique, il est ému aux larmes. Le meilleur refuge pour les comédiens, répond-il, se situe entre la Villette et la porte Saint-Martin, dans les vignes de feu mon père, à Pantin. Autrement dit dans le désert. Racine prend la balle au bond : ce sera en effet, dit-il, un excellent décor pour les pièces du sieur Pradon. Tout près des vignes du père de Boileau, se trouve une décharge où l'on déverse les ordures de Paris. Ils auront là un merveilleux théâtre pour jouer Pradon, confirme Boileau le 28 août, « et d'ailleurs ils y auront une commodité, c'est que, quand le souffleur aura oublié d'apporter la copie de ses ouvrages, il en trouvera infailliblement une bonne partie dans les précieux dépôts qu'on apporte tous les matins en cet endroit ».

Louis dans la majesté, Pradon dans la rivalité, Boileau dans l'amitié.

Lettre du 6 janvier 1689 adressée par Racine à sa sœur Marie épouse Rivière qui garde en nourrice Madelon la dernière-née de ses sept enfants, aucun mort-né, tous survivants, amenée comme toute la nichée avant elle dans le bon air bien crémeux de La Ferté-Milon, pour la remercier de la manière dont elle s'occupe de Madelon, et il tâche de la rassurer sur la fièvre de la petite : les enfants ont des poussées quand les dents leur percent.

En regard, cette lettre de 1693 adressée à Monsieur le Prince, qui a eu la bonté de lui remettre une nouvelle fois la *paulette* de quatre cents livres qu'il aurait dû lui verser en paiement de la taxe sur sa charge de trésorier de France : « C'est avec une extrême reconnaissance que j'ai reçu encore, au commencement de cette année, la grâce que Votre Altesse Sérénissime m'accorde si libéralement tous les ans. Cette grâce m'est d'autant plus chère que je la regarde comme une suite de la protection glorieuse dont vous m'avez honoré en tant de rencontres... »

Rival avec excès, ami avec dévotion, courtisan ébloui, patriarche en pantoufles, il était double, Racine, triple, pas seulement caméléon, ce qu'il fut pourtant, comme en persuade la sociologie littéraire façon Alain Viala, elle-même littéraire, chaleureuse, savante, humaine et vivante, pour révéler les entrailles sous les variations de peau. Pas seulement caméléon par labeur et tactique, ce qu'il était, mais coupé en deux, en trois, en plusieurs, sur le modèle des publics qu'il attirait sous les flambeaux de l'hôtel de Bourgogne. Et parmi les aspirations qui le dirigeaient, les deux principes fondamentaux de la majesté et de l'égalité s'harmonisaient en lui, ne le divisaient pas du tout, au contraire se coagulèrent pour donner à son théâtre comme à sa « carrière » cette redoutable impulsion qui le fit détester autant qu'admirer.

L'activation de l'envie par les mesures de Colbert et par la jeunesse éclatante de Louis a donné ses assises au régime militaire. Elle a stimulé les appétits du royaume. Elle a excité la concurrence, justifié la compétition. Le carcan fut ressenti comme une libération avant de virer au sabre et au dévôt. La bienfaisante jalousie, l'élan jaloux, *zélos*, proprement le zèle, a insufflé une énergie de feu sous la face impassible de la monarchie. Elle a fouetté le sang des poètes, pâles ou remarqués, elle les a fait surgir, s'aguerrir et se battre, ce dont Racine s'aperçut très tôt. Écrivant à La Fontaine la première de ses lettres d'Uzès, le 11 novembre 1661, il conclut : « Car, voyez-vous ? il faut être régulier avec les réguliers, comme j'ai été loup avec vous et avec les autres loups vos compères. *Adiousas.* »

Chapelain a lancé un concours de composition latine et française à l'été 1663 pour la guérison de la rougeole de Louis. Dix jours plus tard, Racine lui remet l'*Ode sur la convalescence du roi*. Racine écrit peu par inspiration, beaucoup par occasion. Rarement la chaleur de la poésie l'entraîne, sauf une fois le clair de lune à Uzès au point d'oublier l'heure de porter le courrier au service postal ordinaire. Il a la tête sur les épaules. Il saisit les chances. Il aime ces joutes que l'État subventionne. Durant son séjour dans le Languedoc, La Fontaine l'engage à faire des vers, mais Uzès l'assèche, les Muses vivent au nord de la Loire, précisément à Paris, elles se métamorphosent en pies dans les provinces. Le bénéfice ecclésiastique qu'il est venu obtenir s'embrouille, l'avenir se bouche, il cherche désespérement un sujet de théâtre. Il a envoyé *Les Bains de Vénus* à Le Vasseur, il se plaint de ses exclamations trop faciles, et il le défie : « Je prétends que vous me payiez en raisons. » Il réclame une analyse, des arguments. Racine savoure la confrontation, les commentaires, les échanges de glose. Le plaisir du concours réside moins dans le travail personnel que dans le duel et le débat. Disséquer le travail d'autrui, soumettre au jugement d'autrui son travail, se mesurer, s'évaluer pour gagner. Personne n'est moins individualiste que Racine à sa table. Personne moins dans sa tour d'ivoire poétique que ce jeune pédant dédaigneux envers le Languedoc à l'idiome « aussi peu français que le bas-breton », baragouin coupé d'italien et enduit d'espagnol que moque le polyglotte aux semelles d'Île-de-France (mais qu'il comprend très vite, l'honnête homme est sociable et civil avant tout). Qui déclare au gandin Le Vasseur que ses lettres lui serviront de livre et d'Académie pour ne pas oublier le français. Il réfléchit à un sujet de théâtre, mais il aurait besoin de quelqu'un comme l'abbé, « à qui je pusse tout montrer à mesure que j'aurais fait quelque chose ». Solitude et mélancolie, on croirait l'aubaine bonne pour le poète, c'est le contraire : ce qui inspire le romantique inhibe le classique. La poésie de Racine n'est jamais d'épanchement, ni son théâtre. Il saisit l'opportunité et veut le plaisir de la joute : écrire est pour lui un acte principalement social.

Le Corneille vieillissant des vingt premières années du règne, celles de *Britannicus*, d'*Iphigénie*, de *Phèdre*, appartenait au siècle de Louis XIII. On le porte aux nues, mais son œuvre passe, et déjà son heure est passée.

Racine s'approprie en dix ans le règne de Louis le Grand, il en devient l'emblème. Il s'est extrait des rivalités à coups de piques et de triomphes, il avait la hargne, jeune homme impatient qui le confesse dans une lettre à l'abbé, puis dans une autre à sa sœur, et tout à la fin de sa vie à son fils encore, impatient et même irascible, on le disait plutôt cassant dans le tête-à-tête, et facilement braillard dans les discussions. Ayant besoin de Pradon comme il eut besoin de Le Vasseur avant de se lier à Boileau, il a piétiné l'ennemi et cajolé l'ami, se jaugeant dans leur regard, pas toujours absolument sûr de son génie.

Pas trop regardant sur les moyens, non plus, si l'on écoute Bayle : suivant le goût qu'on avait alors pour le doucereux, appuyé de la Cour et des femmes, il se prétendit le rival de Corneille, « au lieu que M. Corneille dédaignait d'avoir cette condescendance pour le public, et ne voulait point sortir de sa noblesse ordinaire, ni de la grandeur romaine ». Cette appréciation date de janvier 1685. Et Bayle ajoute : « Corneille n'a jamais tiré d'autre avantage de ses talents, qu'une réputation qui ne périra jamais. » Autrement dit, pur poète. Alors que Racine est riche de faveurs.

Noble, Corneille, sans se commettre, au-dessus des avantages substantiels et des honneurs passagers, pas comme le soi-disant rival qui, s'attribuant une parité illégitime, a renié l'idéal héroïque nécessaire aux auteurs dont les tragédies donnent la parole aux rois, pour adopter sans vergogne le style efféminé où couraient les dames de la Cour et leurs chevaliers à plumes.

BLASON

Racine est un nom à tête de rébus. Un nom à double enseigne, un rat et un cygne, rat-cygne. Cisne, cinne ou cine, puis cygne. Cyne attesté au XVIe siècle encore. Le rébus constituait l'une des manières de se composer un blason à peu de frais, avec compréhension immédiate. Trop immédiate, même. Dans la lettre qu'il envoie à Marie à la mi-janvier 1697, Racine se rappelle l'image et le rébus, et il tergiverse. Il demande à sa sœur de rechercher le détail de leurs armes. Rat-cygne, le blason le chagrine. Il a oublié les couleurs du chevron où grimpait le rat, peintes sur les vitres d'une maison bâtie par le grand-père, l'époux de Marie Desmoulins mère de leur père Jean, et vendue entre-temps. Il a également oublié les couleurs du fond de l'écusson. C'était une bâtisse d'honnêtes bourgeois de province, à chambre haute et grenier sous les tuiles, colombier, chevaux, arbres dans le jardin. Il se rappelle aussi un procès intenté par le grand-père contre un artisan qui avait peint un sanglier sur les vitres à la place du rat. Choquant, ce rat. L'artisan avait raison. Racine regrette que le rongeur soit le premier occupant du blason, que le sanglier ne fasse pas l'affaire. Lui se satisferait même de la hure.

Ce rébus qui lui fait souci, et qu'il a tout intérêt à traiter d'urgence, représente la devise de la famille Desmoulins, c'est-à-dire « ma mère », Marie la mère du père, vieille femme au cœur simple employée, hébergée, recueillie par Port-Royal.

Elle a tenu le petit Racine sur les fonts baptismaux avec le grand-père Sconin, Pierre, le père de Jeanne leur mère, et, à la mort de son époux Jean contrôleur au grenier à sel, en 1649, elle a emmené son petit-fils et filleul Jean, Jean comme Jean son époux défunt, et comme Jean son fils défunt, avec elle à Paris au monastère de Port-Royal de la rue Saint-Jacques. Dans ses lettres, Racine évoque deux fois son père, et pas une seule fois sa mère naturelle. « Ma mère » c'est toujours Marie Desmoulins, la grand-mère côté paternel, et les deux fois où il parle de son père, il s'exprime sur le ton de la perte et du regret : « Je vous assure que quand je serais réconcilié avec mon propre père, si j'en avais encore un », dit-il dans une lettre de mars 1662 à Le Vasseur, il ne serait pas plus heureux de la paix revenue entre lui et M. Le Vasseur son père. Puis, au lendemain de la mort de « ma mère » le 12 août 1663, il écrit à Marie qu'ils doivent s'aimer à présent plus encore qu'avant, et qu'il aura désormais envers le grand-père toute l'obéissance et toute l'affection qu'il aurait « pu avoir pour mon propre père ». Pas un mot sur Jeanne morte à la naissance de Marie (celle-ci était de deux ans la cadette de Racine, et deux ans après la mère ce fut le tour du père qui s'était remarié dans l'intervalle, si bien que Racine, peut-être, qui avait trois ans, en conservait un souvenir confus, et que vivant chez « ma mère » on lui avait parlé de son père plus souvent que de Jeanne, qui appartenait aux Sconin). Pas un mot, pas une trace sur cette dernière, sa mère naturelle, la fille du patriarche, président du grenier à sel de La Ferté-Milon, garde des sceaux royaux aux contrats et obligations de la ville, échevin-gouverneur, dit M. le Commissaire. Un personnage de la magistrature champenoise, Pierre Sconin, un notable. Deux mariages, seize enfants, quatre-vingt-dix printemps sur son lit de mort en 1667, les deux pieds enfoncés dans le siècle des guerres civiles, le tronc et la tête dans le siècle présent, échelonnant les règnes depuis Henri III jusqu'à Louis XIV en passant par Henri IV et Louis XIII, noueux vieillard au long cours. Mais ses relations grippaient avec le petit-fils. Les deux avaient des caractères malcommodes. Puis il y eut des fâcheries, des jalousies à cause du bénéfice réservé à Racine par l'oncle Sconin, vicaire général à Uzès, le fils de Pierre, de préférence à « mon cousin Du Chesne », neveu par Anne Sconin, la sœur du révérend, première fille du Commissaire, donc sœur de Jeanne, et par conséquent tante maternelle de Racine, qui ne la cite jamais non plus. Et il évoque beaucoup de monde, néanmoins, dans le labyrinthe de cette famille étendue dont le tableau occuperait plusieurs pages s'il fallait l'exposer dans sa complexité.

Reste que ce tableau se dédouble en deux volets clairement différenciés, les Racine-Desmoulins et les Sconin.

Il arrive que Racine, depuis peu à Paris, au début des années soixante, chez le duc de Luynes quai des Grands-Augustins, et ensuite à Uzès, s'interroge sur l'état d'esprit de son grand-père, s'il n'est pas fâché, mais il arrive aussi qu'il descende en flammes toute la branche Sconin, hormis le révérend, le seul qui ait « l'âme tendre et généreuse ; car ce sont tous de francs rustres, ôtez le père, qui en tient pourtant sa part ».

La bonne branche, pour Racine, c'est la branche paternelle, celle qui s'est réalisée par les femmes, Marie la grand-mère et Marie la cadette, devenue Marie Rivière, et Agnès la tante, plus tard mère abbesse de Sainte-Thècle. Il serait ingrat s'il n'aimait pas « ma mère », qui s'est occupée de lui mieux que de ses enfants, écrit-il à Marie pour laquelle, de même, il éprouve un attachement jamais démenti, fait de fromages offerts et de services rendus, il lui déclare combien elle compte, il n'arrête pas de se démener pour lui être agréable.

S'il s'insurge contre les excommunications

de Port-Royal dans l'affaire des *Visionnaires* lancée fin 1665 par Nicole contre le théâtre et la corruption des âmes, c'est aussi parce que la tante Agnès, qui l'affectionne, mais rugueuse et sectaire, lui claque au nez la porte du monastère dès qu'elle a vent de ses démêlés avec les Messieurs. En répliquant au recueil de petites lettres de son ancien maître emmuré dans une perception diabolique du théâtre, Racine ne transige pas. Il bourre son canon jusqu'à la gueule et pointe le tout sur le libelle, convaincu que Port-Royal se livre à une nouvelle et désespérée tentative pour lui remettre la main au collet, d'où la réponse hautaine, fastueuse, féroce et félone que le jeune auteur à la mode vomit sur la crispation des Solitaires.

La tante ne comprend pas son obstination à écrire pour la scène, effarée de la damnation, des divertissements qui le déshonorent devant Dieu et les hommes. Il se moque d'elle, à la grosse caisse. Il n'a pas trente ans, il fraye avec les princesses. À Uzès, sous l'influence du révérend père, il a lu saint Thomas le pivot de l'Église romaine, qui autorise le théâtre, et même l'encourage. Racine se défend. Mais des années plus tard, quand la mère abbesse cherchera son appui dans le conflit du *Formulaire* pour protéger les sœurs de l'offensive menée par les jésuites adossés au monarque et au pape, il se rangera à ses côtés, même s'il insiste dans ses conseils et dans les comptes rendus de ses démarches sur les nécessités de prudence, de patience, de secret, que lui a enseignées jour après jour son expérience de courtisan professionnel.

La branche paternelle, celle qui est concernée par le blason, la branche de l'affectif est en effet, chez Racine, celle des femmes. Le côté maternel mène aux Sconin, monde d'hommes rudes, sauf bien sûr l'oncle d'Uzès, parent hospitalier et théologien de vaste savoir, en litige avec les Sconin du nord. C'est la mère et les tantes du père, Suzanne et Claude Desmoulins, servantes de notre Seigneur à Port-Royal, ainsi qu'Agnès la rugueuse, qui représentent le père, et ce sont le patriarche, ses fils et ses neveux qui représentent la mère, Jeanne, dont Racine ne parle jamais. Il mentionne fidèlement sa nourrice en revanche, sans préciser son nom, Marguerite une fois, la désignant sous le terme générique de nourrice, c'est « ma mère nourrice » qu'il recommande à Marie en septembre 1681, et par

113

testament il lui lègue quatre francs ou cent sous par mois jusqu'à sa mort, somme qu'il lui donnait depuis quelque temps pour l'aider à vivre. Et dans une lettre de novembre 1692, il signale à Antoine Rivière que la nourrice du nouveau-né Louis, le petit dernier, n'a plus de lait, mais qu'il se refuse à désespérer une pauvre femme, il l'envoie en carrosse avec l'enfant jusqu'au Bourget « pour leur épargner le pavé dans un coche ». Le père, chez Racine, conduit à la maternité campagnarde, aux veuves et aux saintes filles de Dieu, à la fleur maternelle aux pieux pétales de toile, toutes femmes sans corps, sans sexe, sous leurs habits sombres à ceinture de chanvre.

Alors voluptueux, Racine, admettons, mais d'une sensualité cérébrale, si rares sont les phrases de sa correspondance qui laissent entrevoir le bonheur d'un objet convoité ou d'une contemplation.

Les passions lui paraissent rocailleuses. Rabrouée par son père, une jeune fille qui habitait près de la maison de l'oncle avala une grosse poignée d'arsenic et mourut deux heures plus tard. On la prétendit grosse pour expliquer son geste. On l'ouvre. Nulle fille ne fut jamais plus fille : « Telle est l'humeur des gens de ce pays-ci, et ils portent les passions au dernier excès. » Racine voit ça d'un peu loin. Les femmes sont éclatantes et ajustées d'une façon naturelle au premier regard, c'est ce qui le frappe dès son arrivée chez l'oncle, cet éclat et ce naturel des femmes — comme un beau style. Les poètes du pays aiment trop fort pour être bons poètes, amours abruptes, terriennes. Trop de corps. Il quittera le Languedoc le cœur intact, n'ayant battu pour aucune, « sain et entier », comme il dit. Virginité du cœur sain, ou saint, dans le refus, ou peut-être la répulsion, des blessures sentimentales. Il s'en ouvre au primesautier abbé Le Vasseur dans une lettre d'avril 1662 où, juste après ce cœur sain qu'il rapportera à Paris comme il l'a apporté en venant, il raconte l'histoire de la jeune fille au teint vif et yeux noirs sur une gorge blanche que tous les jeunes gens du pays courtisent, rencontrée à l'église, et qui lui inspire quelque « inclination ». Il l'aborde, car il est tout sauf timide, et il s'aperçoit avec saisissement qu'elle a le visage tout parsemé de bigarrures, comme si elle relevait de maladie (*comme si elle eût changé de peau*, ligne ensuite biffée). Il attribue la mauvaise surprise à ses règles, fermant le débat de l'inclination naissante.

Le corps n'est pas chose très naturelle pour Racine, malgré sa belle carrure. Ses lettres de la maturité roulent sur la santé comme des caillots d'angoisse constamment affleurante, la mort l'épouvantait, une égratignure le retournait, et le corps dans son théâtre est une métaphore du désir morcelé en organes et membres doués d'indépendance, yeux qui voient invisibles, bouches qui avouent l'inavouable, fronts ceints des couronnes promises, cheveux aux sifflements de serpents, mains étrangleuses du sérail, bras des étreintes qui étouffent, seins percés de poignards, sang des races maudites.

Toutefois, s'il doit aux saintes filles et aux veuves cette vision un peu sèche qui dut faciliter son adieu aux liens passionnés vécus avec les actrices — aisance authentifiée, jusqu'à preuve du contraire, par sa rectitude conjugale sans faiblesses —, c'est pour « ma mère » malade qu'il se tourmente durant l'hiver 1662 parmi la futilité des citations et des considérations galantes dont il arrose ses lettres à Le Vasseur, et c'est à Marie que trois mois plus tard il voudrait envoyer des brassées de roses nouvelles et de pois verts. Alors la femme est tendresse, substance, offrande.

La passion n'est pas l'amour. La passion se fonde constamment sur l'inceste dans le théâtre de Racine. *Iphigénie* est une pièce familiale sans inceste, donc sans passion, une pièce heureuse grâce à la mort d'Ériphile la sœur d'ombre où s'incarne le mal, et grâce à l'amour de Clytemnestre qui arrache Iphigénie sa fille au sacrifice qu'Agamemnon consent à la raison d'État en père tendrement veule. Elle l'en arrache parce qu'elle l'aime d'un amour de mère. Et elle n'est mère que par son amour, et non par le désir que suscitent les images maternelles dans les pièces profanes de Racine.

L'amour et la passion s'opposent comme le corps asexué des veuves et des religieuses s'oppose à l'érotisme latent des mères, comme les femmes du côté de « ma mère » s'opposent aux hommes du clan Sconin. L'amour contredit la passion de même que la majesté contredit l'envie, et de même la rivalité s'attache à la branche Sconin, et l'amour à la branche Desmoulins-Racine. Et c'est justement pour cette raison, pas seulement par vanité d'anobli confirmé par le brevet de survivance, que le blason où s'inscrivent le nom et le souvenir du père lui inspire la question qu'il se pose.

Garder ou non le rat. Plume du cygne, poil du rat. Le *vilain* rat, écrit-il à Marie. Le *vilain* nom de poltron, écrira-t-il à Jean-Baptiste, cavalier émérite si sympathique avec sa fantaisie d'étourdi, son contact facile, sa vue basse et son cheveu clairsemé, pour lui reprocher d'avoir qualifié Cicéron de cette façon. Vilenie du manant. Dans la longue lettre détaillée qu'il lui adresse, Racine explique à Marie que l'image du blason la regarde elle aussi, qu'elle a un intérêt dans la recherche qu'il lui demande.

Il est obligé d'enregistrer les armoiries de la famille, un édit contre les usurpateurs de noblesse du 20 novembre 1696 l'y contraint dans les deux mois. Faux nobles, autant d'impôts perdus. La lettre à la sœur date du 16 janvier 1697 : presque au terme du délai.

De l'enregistrement des armoiries, les Finances escomptent sept millions de livres. La vente des lettres de noblesse en a rapporté deux en 1692. Racine a en tête le cours pratique des choses. Ce n'est pas le prix de l'enregistrement qui le dérange : 25 francs. C'est tout le reste. L'établissement de l'aîné, l'avenir des filles, le poids de la guerre sur les dépenses. On sent bien ce qui pèse : il veut se déterminer et vite « porter mon argent ». On devine l'autre souci derrière le blason, les taxes qu'entraînent les derniers soubresauts de la guerre de la Ligue, et « qui reviennent si souvent ». Racine est économe. Il a abandonné l'achat d'une terre à la naissance du second, Louis, dit Lionval : établir Jean-Baptiste interdisait le débours. Racine a toujours préféré acheter des charges. Il a investi dans les honneurs. Commissionné par le roi, il a voulu marquer sa gratitude en puisant dans le service de Louis son prestige et ses rentes.

Comme le constate La Bruyère, l'exhibition des armoiries campe son homme, « elles s'offrent aux yeux de toutes parts : elles sont sur les meubles et sur les serrures ; elles sont semées sur les carosses ». Racine se tâte. Le temps presse. Il envoie ses instructions à Marie : « Je vous manderai le parti que j'aurai pris là-dessus. » Sur quoi, là-dessus ? « J'attends de vos nouvelles pour me déterminer » : en quel sens ? Veut-il effacer le rat ? On peut le supposer. Depuis longtemps, il utilise le cygne pour son usage personnel, occultant le rat qui fouine, le rat d'en-bas. Le cygne est un animal autrement fréquentable.

Dans son œuvre historique, fragment 53, Racine a consigné les prédictions de Campanella du 1er janvier 1639 sur la grandeur future du Dauphin, c'est-à-dire l'horoscope de Louis XIV emmitouflé dans son berceau au milieu des gazouillis. Neuf étoiles composent la constellation du Dauphin, les neuf Muses, environnées de l'Aigle qui incarne l'esprit, du Pégase de la cavalerie, du Sagittaire de l'infanterie, de l'Aquarius marin et du Cygne, symbole des poètes, des historiens et des orateurs qui le loueront. Dans les *Blasons domestiques* du lointain poète Gilles Corrozet, les cygnes blancs, oiseaux sans vice, s'avèrent emblèmes de la poésie et de la chasteté avec « saincte vertu painte de couleur blanche ». Sa Majesté considère l'espèce : en 1681 sur le grand canal à Versailles, glissent, parmi les bâtiments de guerre en réduction et les gondoles de Venise, cent quatre-vingt-quinze cygnes pour la plupart importés du Danemark. En contemplant leur élégance, les hommes de plume devaient rêver de s'en tailler une, royale, dans leurs ailes.

MÉMOIRE

Outre l'oubli des couleurs du chevron et du fond de l'écusson, on relève trois oublis dans la correspondance de Racine, réputé pour son exceptionnelle mémoire, qualifiée de miraculeuse par Jean Pommier.

Trois lapsus, en quelque sorte.

Qui tous intéressent le blason.

Le premier dans une lettre de janvier 1662 à son cousin Nicolas Vitart, intendant du duc de Luynes, cheville ouvrière des relations sociales du cousin Racine, son imprésario littéraire au début, puis son marieur, c'est par lui que fut connue Catherine de Romanet : « Nous avons ici près un gentilhomme d'Avignon qui se fait fort d'être parent de M. de Luynes. Il s'appelle... Je viens de l'ou-

121

blier : je vous le manderai une autre fois. C'est peut-être lui qui a profité de cette succession dont j'ai ouï parler autrefois. » Racine se sait en dette, et il le dit, envers Nicolas Vitart son aîné qui lui est si utile, et il se peut que l'oubli en trahisse la gêne ou le poids. Mais qu'il trahisse aussi le désagrément, ou même l'irritation que lui cause, à lui que la mort de son père endetté priva du moindre sou, cette succession échue au parent réel ou prétendu du duc de Luynes, induisant, sous l'idée de filiation, des ressentiments d'orphelin.

Ou l'oubli remonte même à quelque roman familial bâti dans l'entourage du marquis de Luynes son fils, futur duc de Chevreuse, fréquenté à Port-Royal jadis puis dans son château d'où Racine, l'année précédente, en janvier 1661, écrivait à Le Vasseur sur un ton de braverie : « Je suis dans la chambre d'un duc et pair : voilà ce qui regarde le faste. » La panne de mémoire traduit semble-t-il un point de résistance, l'impression d'un privilège indu, d'une imposture virtuelle, d'injustice, un dépit, un défi.

Le second oubli survient fin septembre 1694 à Fontainebleau. Racine demande au fils de lui expédier séance tenante les *Psaulmes latins* de Vatable, un in-octavo à deux colonnes qu'il croyait avoir placé dans son coffre, et dont il a le plus urgent besoin pour composer le troisième des cantiques spirituels que lui a commandés Mme de Maintenon. Dieu sait pourtant qu'il se préoccupe de l'entretien de ses livres, priant le fils à l'occasion de rappeler à sa mère la nécessité de mettre un peu d'eau dans son cabinet — comme lui-même le faisait à Port-Royal pour les ouvrages de M. Le Maître — afin de protéger les volumes contre les ravages des souris. On l'imagine à chercher dans le coffre et à se gratter la perruque en se demandant comment il a bien pu ne pas les voir, ces psaumes, pourtant visibles, qu'il pense avoir oubliés sur la tablette où il pose d'ordinaire son bréviaire. L'urgence est telle qu'il prescrit de les empaqueter bien proprement dans du papier puis de les remettre à l'abbé de Saillans ou, à défaut, au valet de chambre du duc de Chevreuse, qui doivent l'un et l'autre se rendre à Fontainebleau prochainement. L'oubli ne met pas en cause ici la mémoire, mais l'attention, lapsus par distraction d'un homme accablé d'affaires : les perspectives d'achat d'une terre à Silly près de La Ferté (il n'y renonce définitivement qu'en mars 1696), et la décision d'acquérir l'une des cinquante charges de secrétaire conseiller du roi mises sur le marché en février. D'un homme par ailleurs mécontent de l'insouciance de son aîné pas trop zélé dans l'étude, qui préfère les romans à bluettes à la philosophie d'Aristote, et pour l'éducation duquel il paye cher. Il tient à en faire un honnête homme. Un modèle d'honnête homme, tant pour son profit que pour sa propre réputation à la Cour, et l'entreprise l'oblige à marcher, fatigue ou pas, lui coûte beaucoup de constance, d'argent et de tracas.

Et il y a encore ceci.

On le presse, on l'agite pour augmenter le rendement. Les deux premiers cantiques, mis en musique par Moreau, ont « extrêmement plu », mais il aurait préféré, confie-t-il à Boileau, qu'on ne l'engage pas dans un embarras de ce genre, et s'il ne croit pas qu'on lui commande une suite, il se débrouillera, le cas échéant, pour refiler la patate chaude à un M. Bardou que Despréaux a rencontré dernièrement. Au moment de ficeler ses bagages avant de partir pour Fontainebleau, l'in-octavo de Vatable lui a, comme une croix, paru trop lourd.

Vis-à-vis de ce Racine en auteur pressuré, c'est peut-être Pradon qui exprime le mieux de quoi il retourne : lorsque, dans sa *Réponse à la satire X* de Boileau, il bave sur le « solide sublime » auquel Racine est parvenu, en cette année 1694 où la survivance lui impose des responsabilités de père et des dignités nou-velles. Solide sublime : le tendre poète des élégies princières, aujourd'hui auteur de tra-gédies sacrées et dévot hypocrite, a su trans-muer son inspiration en or consistant. Pradon a l'œil : le roturier perce sous le courtisan au gousset ventru.

Le troisième et dernier oubli porte directe-ment sur une question d'argent. Fin février 1698, le traité de Ryswick signé en sep-tembre de l'année passée tarde à soulager le pays. Le Trésor est aux abois, des rumeurs de dévaluation circulent, on fond les vaisselles. Au début du mois, Racine a remboursé à la veuve Quinault le prêt consenti pour l'achat de la charge de secrétaire du roi, et emprunté à M. Galloys son notaire dix mille francs pour en payer la taxe, dont il escompte que le roi lui remettra le montant. L'hiver est noir. Il vient de donner pour le fils à La Haye onze louis d'or et demi, soit cent quarante livres dix-sept sous, en veillant à ne rien perdre au change. Soyez ménager de vos dépenses, lui écrit-il, vous n'êtes pas « le fils d'un traitant ni d'un premier valet de garde-robe ». L'un de ses amis, M. Quentin, vient de marier sa fille « à un jeune homme extrêmement riche, qui est le neveu de M. Lhuillier, et qui a acheté la charge de maître d'hôtel ordinaire de Madame de Bourgogne. C'est le même qui avait voulu acheter la charge de premier valet de garde-robe qu'avait M. Félix ; mais j'ai oublié son nom ».

Le cas diffère peu de celui du jeune homme qui se prétendait parent du duc de Chevreuse. Succession ou acquisition d'une charge, liens de parenté, filiation, oncle et neveu. Et la charge était de très grand prix en effet, qui donnait le privilège, au lever du roi, de lui passer la manche gauche de la chemise après que le premier valet de chambre avait passé la droite, et de même au coucher, par une symé-trie magnifique, de lui défaire les jarretières à gauche, et le premier valet de chambre à droite. Richissime neveu d'une famille de financiers engraissés par les guerres, pourvu d'une incommensurable supériorité de fortune comparée à celle d'un modeste auteur de la Cour. Le fils n'accédera jamais à ces avantages. Racine a pourtant fait son possible. L'effort reste insuffisant, il s'en excuse, « je voudrais avoir pu mieux faire », leur fortune est très médiocre, ce sont ses termes. Il appartient au fils de se prendre en main désormais, de compter beaucoup plus sur son travail « que sur une succession qui sera fort partagée ». Racine lui manigancera même une épouse bientôt, sans que le mariage se fasse : une affaire pas suffisamment avantageuse, la jeunesse des parents repoussait trop loin l'espérance d'une belle rente (de toute façon la fille était rousse, dit Mme Racine, et portée sur le faste).

Le brevet de survivance fonctionne comme un piège, il oblige à établir le fils, et voilà que les ambitions du père butent sur cette vérité sociale implacable : entre un héritier de la finance et un héritier de la plume, la distance est gigantesque, rien ne la comble. Noble ou non, Racine vient d'où il vient. Et ce n'est pas le mariage du comte d'Ayen en mars, l'un des meilleurs amis de Jean-Baptiste, avec Mlle d'Aubigné nièce de la Maintenon, qui le fera changer d'avis, à lire l'étalage de biens que l'alliance procure au marié, homme le plus riche de la Cour, et que Racine énumère avec une complaisance éblouie.

L'argent, la situation délicate, toute la lettre du 27 février 1698 en bourdonne. Il convient de se soucier même des petites dépenses, mais vraisemblablement, dit-il à son aîné, « vous croyez qu'il n'est pas du grand air de parler de ces bagatelles ». Et poussant la botte, mi-figue mi-raisin : « Nous autres bonnes gens de famille nous allons plus simplement, et nous croyons que bien savoir son compte n'est pas au-dessous d'un honnête homme. » Racine affronte la vérité des traversées sociales. Aucune ascension mondaine, aucune valeur littéraire ne compensent les rangs et fortunes établis. La lettre suivante est celle qu'il adresse à Mme de Maintenon le 4 mars.

Le sort de ses filles le tourmente, dont celui de Marie-Catherine son aînée, sa préférée, il secourt Port-Royal étouffé, il s'est senti physiquement mal ces derniers jours, et voilà que le nom du richissime neveu de M. Lhuillier lui échappe. Comme si, par l'oubli du nom, ce conformiste acharné ripostait au sort inique. Comme s'il se cabrait.

Mais quelque chose en même temps l'émerveille. Dans ce courrier du 27 février, il ne se contente pas d'exhiber ses angoisses, il tire gentiment les oreilles au très curieux phénomène qu'il découvre, et qui est son fils.

Jean-Baptiste, gentilhomme de la chambre survivancier de sa charge, possède un trait dont lui-même est totalement dépourvu : une désinvolture de gentilhomme.

Pour rejoindre La Haye, le fils a pris tout son loisir. Voyage à embûches et multiples étapes, ajoutez le mauvais temps. Racine s'attendait à ce que le cavalier, porteur d'instructions du roi pour l'ambassadeur Bonrepaux et d'autres lettres des plus confidentielles, rallie son poste à la cravache. Or pas du tout. D'abord un petit détour par Cambrai pour saluer Fénelon, puis on baguenaude sur la route de Mons, on omet de remettre les dépêches aux personnages très notables qui les espéraient, on se rend à l'opéra et à la comédie à Bruxelles avec sans doute en poche les instructions du roi, on va à la Cour, on rend des visites, on papillonne. Qu'allait en penser M. de Bonrepaux ? Racine a chapitré le fils en apprenant le circuit. Au nom de Dieu, réfléchissez à votre conduite, lui écrit-il fin janvier sous la bougie qui s'éteint. Cette liberté le dépasse.

Il se rappelle peut-être un autre voyage, trente-cinq ans auparavant, de Paris à Uzès, aussi méticuleusement entrepris que celui du fils fut insouciant, comme si voyager, pour Racine, requérait le même sérieux que la rédaction d'une pièce ou qu'un rapport de bataille. Il s'était bien renseigné avant le départ, courait tous les soirs retenir une chambre avant les autres, s'est gardé de s'attarder à Lyon, et huit jours après son arrivée à Uzès, écrit qu'il n'a pas encore eu la curiosité de visiter la ville. Avec Jean-Baptiste, autre monde, au point que le père tout gêné n'ose plus aller à Versailles encaisser l'ordonnance de mission, par crainte aussi de croiser M. de Torcy, le secrétaire d'État aux Affaires étrangères, neveu de Colbert, et d'endurer ses plaisanteries sur l'attaché d'ambassade qui se permet de gagner son poste à sa guise, la mine fleurie, la révérence souriante et le manteau bourré de documents

secrets que leurs destinataires pouvaient toujours attendre.

Or l'ambassadeur Bonrepaux ne voit aucun
mal au périple. Et de même Torcy, homme
réaliste et prudent qui connaissait d'expérience toutes les cours d'Europe, et à qui cette
curiosité semble plutôt bon signe, notamm-
ment l'initiative des visites à Bruxelles. Tant
et si bien que Racine, soulagé, parvient à soutirer le maximum dans le versement de l'ordonnance en se rendant en compagnie de
Chamlay auprès du garde du Trésor, M. de
Turménies, un bas sur pattes à longs cheveux
blonds boudiné dans la soie mais aux réparties
terribles, survivancier d'une charge pesant à
l'achat son bon million de livres, qui pour
l'agréer a bien voulu transiger à neuf cents
francs. Et maintenant, ayant appris qu'on
mettait normalement une douzaine de jours
pour venir en poste de La Haye à Paris, et que
tout bien considéré l'insouciant a fait dili-
gence, Racine, qui croyait perdre la face,
constate que son aîné a remarquablement
réussi sa prise de fonctions, que ses initiatives
l'ont servi, que l'honneur est sauf et sa réputation à la Cour confortée, et qu'à la vérité
« je suis fort content de vous ».

131

Le blason définitif figure dans l'armorial de la généralité de Paris. Le rat y est remplacé par deux lionnes qui semblent en garder la cambrure et les cuisses, deux lionnes dressées en vis-à-vis sur une colonne à trois chevrons de sable. L'écu de gauche porte un cygne d'argent becqué et membré de sable flottant sur fond d'azur. C'est le cygne de Racine, gentilhomme ordinaire, déjà présent sur le cachet rouge à soie violette, noire ou jaune qui décore les suscriptions avec les initiales, ou sans, J. RAC.

S'il a effacé le rat, probablement est-ce, entre autres, pour accorder son blason aux trois chevrons de l'écusson des Romanet, comme le suggère ingénieusement Jean Dubu. Mais c'est aussi effacer du même coup, dans ce qu'il affiche aux regards du monde, cette part de lui-même que dénudent ses oublis. Cette part d'envie qu'un Pradon, entrant en résonance avec elle, a spontanément perçue, et qui jette un éclair sur leurs empoignades. C'est ce qui, de la plume, relève du besogneux, au mieux du travail de docte, de l'effort qui sent l'huile, formule qu'il s'applique dans une lettre d'Uzès. Les pensions, les taxes, le gagne-pain. Ce qui se rapporte aux louis d'or qui font cent quarante livres dix-sept sous sans perte de change. Les lionnes et le cygne, symboles de l'aérien. L'élégance de la plume délivrée de la gésine et de l'effort. Ce qui, deux ans après sa lettre à Marie au sujet du blason, le désoriente chez Jean-Baptiste, cette aisance désinvolte de gentilhomme dont il le sermonne alors, et qu'il complimente pour finir. Le cygne représente l'idéal nobiliaire dont le fils éduqué dans l'orbite de la Cour prend naturellement le pli. Il projette cette image sur la famille du père, sur « ma mère », sur Marie, sur toute la branche. Il renvoie à l'auteur son image purifiée. Il lui masque l'énergie rongeuse qui lui a fourni la moitié de sa carrière.

Grâce à la modification du blason, Racine peut s'épanouir en confiance dans la blancheur du cygne au cou dressé qu'il a fait graver dans les sceaux aux revers de ses lettres, et peindre aux flancs de ses carrosses.

ORDO

Ce mercredi 2 novembre 1693 à Versailles où Louis XIV reniflant paye ses chasses d'octobre en soufflet, Racine saute un cap. Le brevet de survivance le hisse formellement au niveau des gens de qualité, version robine du second ordre, celui de la noblesse, dans la hiérarchie trifonctionnelle des ordres décrite par Georges Duby, et qu'a reprise Emmanuel Le Roy Ladurie pour déchiffrer le système de la Cour à travers Saint-Simon, dont il éclaire le caractère foncièrement hiérarchique, proprement holiste par référence aux travaux de Louis Dumont — *Homo hierarchicus*, *Homo aequalis* —, dans une antinomie où l'axe vertical et sacré des rangs se découpe sur l'horizon profane de l'égalité.

Trois ordres. Au sommet ceux qui prient, *orant*, en dessous les chevaliers qui combattent, *pugnant*, à la base ceux qui peinent, *laborant*, les hommes de la glaise, le tiers état aux doigts calleux, les descendants des serfs en hardes de grosse toile, sucés par les poux et nourris de pain noir.

Pureté parfaite des serviteurs de Dieu, qui ne travaillent pas, ne forniquent pas, les yeux et les mains levés vers le ciel, moines au front de candeur et prêtres sans malice qui chantent la charité dans les lieux d'innocence, rayons d'amour, corps incorporels, Église immaculée des vierges et des saints sur laquelle n'ont prise ni la dégradation du temps ni la dégradation des chairs, ordre indemne de la sueur, du sexe, du sang.

Pureté imparfaite des gentilhommes pourvus du privilège exclusif d'arborer l'épée au côté, libres des tâches serviles, mais qui fourragent les corps pour leur honneur propre et celui du souverain, pour la justice de l'évêque, nobles et ignobles à la fois par le sang des ennemis qu'ils versent et leur sang qu'ils dispensent, par le désir qui les pollue et le sperme dont ils engendrent, chevaliers sans occupation mais à la solde des pouvoirs – tant spirituels que temporels —, érigés en vigiles du prône et du trône.

Enfin tout en bas, dans une autre sphère, séparés par la zone indécise des robins, voici l'impureté des humbles, des sans-passé, troupeaux de bouseux à genoux dans la lumière des vitraux et la vénération des princes, impureté de la masse adonnée à la vigne, au tannage et au grain, malédiction des vingt millions de sujets bénéficiaires à peine, depuis le concile de Trente, d'une date de naissance inscrite sur les actes de baptême, rebut d'intouchables farouches dans leurs tanières de chaume, milieux des producteurs souillés par la terre où germent les moissons et pourrissent les morts.

D'un côté les oisifs, prêtres et nobles, qui jouissent de l'*otium*, cette matrice de la pureté, le loisir situé dans une autre logique que le simple repos, les congés et le temps libre, ce n'est pas une oasis dans une vie de labeur, mais un état : *otium*, qui s'étend à l'amitié des lettrés unis par la douceur de leurs conversations privées, indépendamment de tout profit monnayable.

Aux alentours de l'an 1630, Valentin Conrart recevait un petit groupe d'amis chez

137

lui rue Saint-Martin à Paris pour discourir aimablement sur tous les sujets, d'abord la poésie, avec pour devise « Cache ta vie ». Richelieu l'apprit. Il décida aussitôt d'en constituer le noyau d'une Académie à statuts dirimants, dévouée à la promotion de la langue nationale, à l'arbitrage du goût, à l'illustration des sciences, afin d'agrémenter par l'ornement de l'esprit les exploits militaires d'un Louis XIII en mal d'épopées, dégoûté de la reine et neurasthénique. Jean Chapelain rédigea les charges, incluant la composition d'un dictionnaire, d'une rhétorique, d'une poétique françaises. C'est ce même Chapelain qui organisa pour Colbert le contrôle des arts, et qui, séduit par Racine et son *Ode à la Nymphe de la Seine*, lui mit le pied à l'étrier des subsides.

La *Relation contenant l'histoire de l'Académie française* de Pellisson décrit ce passage d'une langue ébouriffée au langage décapé dont Malherbe fut le messie, ce glissement où les poètes ferraillèrent pour accéder aux listes des adulateurs rétribués. Pellisson à qui Racine succéda dans la fonction d'historiographe du roi.

De l'autre côté, inaudibles, invisibles face

138

à l'oisiveté de la tonsure et de l'épée, le bûche-
ron abat sa cognée, le paysan pousse son soc,
la main des femmes pétrit, leur sein allaite et
la marmite bout, bref l'ignoble. Si l'on se
penche sur le parfaitement ou imparfaitement
pur, pour distinguer le parfaitement impur,
c'est un abîme.

L'acquisition d'un titre conférait à l'anobli
tous ses droits sans considération d'origine.
Un édit, promulgué par Louis XIV pour sti-
muler l'achat de charges destinées au ren-
flouement de ses caisses, précise que les impé-
trants pourront prendre la qualité d'écuyer et
jouir de tous les honneurs, prérogatives, pré-
éminences, franchises, libertés, exemptions et
immunités dont jouissent les autres nobles
du royaume. L'édit pose une égalité de fond
entre les nobles natifs et les pièces rappor-
tées, conférant une même valeur à l'ancienneté du nom et aux sacs de louis d'or, comme
si le Trésor permettait aux bourgeois de
racheter le temps perdu : « La noble extrac-
tion et l'antiquité de race, qui donne tant de
distinction parmi les hommes, n'est que le
produit d'une fortune aveugle. »

Principe moderne, mais théorique : la

noblesse ne surgit pas tout armée d'une décision du roi, elle doit conquérir ses parchemins peu à peu. Elle s'enfile par touches. L'abbé de Choisy raconte dans ses *Mémoires* une scène bien connue où Louis, apercevant Racine et le marquis de Cavoye, grand maréchal des logis de la Maison du roi, qui se promenaient ensemble : « Cavoye croit devenir bel esprit, dit-il, et Racine se croira bientôt fin courtisan. » Plaisanterie peut-être, car fin courtisan Racine l'était en expert, mais jamais on ne l'était assez. Au regard du but final, il manquait au parvenu toujours quelque chose. Un roturier ne devient pas noble, la pureté ne pense qu'aux origines. Le fils de l'anobli est plus pur que son père.

Racine consacre toute son attention à l'éducation de l'aîné. Il tenait à en faire un homme d'une nouvelle espèce, encore inédite, un gentilhomme honnête homme. Racine chevauchait mal et sans plaisir, Jean-Baptiste montait en chevalier, entraîné depuis sa plus tendre enfance. Le Racine d'Uzès se comportait en Parisien sauvage, plein de mépris pour le jargon local, il goûtait d'un air méfiant le beurre et les olives, se détournait des jeunes filles, sans un ami. Fénelon se déclare enchanté du détour du fils par Cambrai, et Mme de Stienhusse se dit bien fâchée qu'il n'ait pas prolongé son séjour à Bruxelles.

Il lui recommande de respecter en toute occasion les convenances, d'être extrêmement circonspect dans ses propos, de ne prononcer que ce qu'il faut, d'éviter de passer pour un parleur. Un jour, le fils du marquis de Villacerf, le maître d'hôtel de la reine qui avait failli gifler d'Aquin, confondant le jeune du Boulay, mousquetaire, avec l'un de ses meilleurs amis, lui donna pour jouer un coup de pied dans le derrière. C'était sur les degrés du petit escalier par où le roi revenait de la chasse. Le mousquetaire attend que l'offenseur, qui s'était excusé jusqu'à terre, ait le dos tourné, et lui balance à son tour un coup de botte de toutes ses forces, en expliquant qu'il l'avait pris pour un ami. Ce genre de rustrerie ne s'imagine pas chez Jean-Baptiste. Son père l'engage à montrer une parfaite docilité envers M. et Mme Vigan qui l'hébergent à Versailles, puis, à La Haye, à se soumettre sans réserves aux instructions de l'ambassadeur Bonrepaux, auquel il se fie lui-même avec un zèle de disciple. Bonrepaux, petit homme rondouillard à l'accent des

Pyrénées, fier de soi mais bienveillant, éduquait son neveu Jean Louis de Bonac avec l'aide de son frère le marquis d'Usson, dit le « saint solitaire ». Bonac était le fils de leur frère aîné demeuré à Foix. Noblesse de haute altitude.

L'ambassadeur est célibataire, il reporte sur le neveu son affection, il l'a fait nommer à La Haye et lui léguera toute sa fortune. Le marquis de Bonac, gentilhomme de naissance et diplomate de vocation, représente le fils idéal pour Racine. Il le désigne à Jean-Baptiste, qui a six ans de moins, comme l'exemple à suivre. C'est un avantage qu'il n'a pas connu. Cultivez votre mémoire, lui répète-t-il, lisez les Anciens, étudiez l'Histoire de France, on ne comprend rien aux récits des livres si l'on ignore l'histoire de leur temps. Il lui recommande de songer à Dieu, de s'écarter de la comédie et de l'opéra. De chérir sa mère. De prendre patience devant les difficultés. De se conformer soigneusement aux avis de M. de Bonrepaux. De se conformer et de prendre patience, toujours, en tout. L'effet de sourdine que Leo Spitzer repère dans son théâtre pourrait s'extrapoler aux intonations du courtisan confit en manières, qui a tout appris par lui-même, et qui forme son fils en ce sens.

Il n'a jamais faibli dans le désir de s'accomplir et de renaître, de survivre, d'où le cygne, d'où la charge de gentilhomme, le brevet, l'éducation qu'il ménage à Jean-Baptiste.

Il y avait les pensions, le train de vie, mais il fallait ce désir pour justifier les sollicitations chuchotées aux angles des salons, soulager les reins brisés dans les antichambres, réparer les cahots sur les routes du nord et les vents coulis du carrosse aux coussins de velours rouge que tiraient des chevaux blancs, voituré sans relâche des embarras de Paris aux cagibis de Versailles. Encore qu'il logeait assez commodément, lui, au château, dans l'appartement qu'occupait avant lui le gros marquis de Gesvres.

Il fallait ce désir pour être aussi obstinément courtisan.

C'était un métier, et rien ne prouve qu'il l'ait tellement aimé, en tout cas dans sa maturité. Un vrai métier, avec ses risques et ses contraintes. Au camp de Gévries sur le chemin des Flandres, début mai 1692, rompu, au soir d'une revue de troupes monstrueuse, par l'éblouissement des enseignes, des épées, des mousquets, étourdi par les roulements de tambours et la sonnerie des trompettes, Racine se laisse conduire au pas de son cheval, et il pense qu'il se sentirait autrement mieux si tous ces gens étaient chacun dans leur chaumière ou dans leur maison, avec leurs femmes et leurs enfants, et lui dans sa rue des Maçons avec sa famille. Il arbore un emplâtre au menton, un clou qu'on vient de lui percer. L'organisme renâcle. Tout jeune encore, en novembre 1663, il terminait une lettre à Le Vasseur en lui disant : « Vous voyez que je suis à demi courtisan ; mais c'est à mon gré un métier assez ennuyant. » Trente ans plus tard au camp près de Namur, écrivant à Boileau, d'avance épuisé de toutes les lettres de réponse à faire, il ajoute qu'une page de compliments lui coûte cinq cents fois plus que les huit pages qu'il vient de lui écrire. Et même refrain encore sur la fin de sa vie, quand, miné par le cancer et les tracas, il renonce à une revue de troupes prévue à Compiègne.

On ne le voit jamais se réjouir d'une expédition dans les Flandres, d'un séjour à Fontainebleau, se vanter d'obtenir Marly, se flatter de ses relations. Faites votre cour, conseille-t-il au fils, soignez votre réputation, écrivez à vos amis, le comte d'Ayen, Félix le fils, visitez telle ou telle, Mme de Noailles, Mme de Gramont, elles vous recevront avec bonté, de cette bonté qui ne veut rien dire, ni bonne ni mauvaise, accueil formel et charmant du réseau de protecteurs que le métier implique d'entretenir.

Après l'abandon par Louis XIV de ses campagnes personnelles en juin 1693 et le brevet de survivance six mois plus tard, Racine gère sa survie en administrateur de biens. Recherche d'une charge, emprunt de quinze mille livres à la veuve Quinault, remboursement partiel de la veuve Quinault, emprunt à son notaire, paiement de la taxe de dix mille francs sur la charge de secrétaire du roi, dernier remboursement de six mille livres à la veuve Quinault, essai auprès du roi pour récupérer les dix mille francs, silence du roi, lettre panique à Mme de Maintenon.

La noblesse, pour un parvenu, est toujours une défaite. Elle ne résout rien. Elle agit assez pour que le sévère Nicole le congratule fièrement de son élévation en décembre 1690, et que *Le Mercure galant* s'applaudisse de l'honneur que le roi lui fait, qui rejaillit sur tous les gens de lettres. Mais qui ne l'a pas, jamais ne l'atteint. Racine se hâte pour marier son fils, puis, devant les embarras, il laisse courir. Que le fils trace d'abord sa route. L'idée de l'alliance nobiliaire ne prime d'aucune façon. C'est une famille moderne déjà, nucléaire, le noyau, le nid, avec encore les rameaux étendus des vieilles familles.

Racine ne s'attache nulle part, dans sa correspondance, à la valeur de sa noblesse. Il n'aborde jamais la question. Un soudard de vieille souche comme Bussy-Rabutin entre en transes à la seule mention de l'ordre du Saint-Esprit. Racine, enfin anobli, ne manifeste aucune émotion. Il se contente d'accoler le nouveau titre dans ses lettres à *Monsieur Racine le jeune, gentilhomme ordinaire du Roi, chez M. Vigan, à la petite écurie, à Versailles*, sans commentaires, sans modifier le ton de ses conseils bienveillants et strictement utilitaires. Il n'était pas dupe.

Il convoitait autre chose.

La mystique de la pureté impliquait même des exigences si hautaines que les ambitions les plus fermes venaient y buter. En 1697, le contrôleur Pontchartrain cherchait à marier Jérôme Phélypeaux son fils, comte de Maurepas, éborgné par la petite vérole et qui avait un œil de verre. Il tourna ses prétentions vers Marie Geneviève Malauze, marquise de Montpezat, âgée de six ans. La famille avait de solides références, il s'ouvrit du projet au roi. Surprise : au lieu de la bénédiction, Louis XIV lui conseille de regarder ailleurs. Pontchartrain s'entête. Le veto tombe : dans le sang de Marie Geneviève Malauze coule le sang des Bourbons, auquel le mariage du fils Pontchartrain aurait mélangé celui, incomparablement moins pur, d'un homme depuis peu titré duc et pair.

Pour Louis, premier des gentilhommes de France, garant des ordres, il est des essences infrangibles. Noblesse native, noblesse dative, les rigueurs de l'alliance dressaient une muraille entre la qualité immémoriale du sang et les nouveaux venus de la robe, financiers, parlementaires, notables de l'encre, du pinceau ou du bistouri, entre l'épée sans âge qui reflétait le ciel et la plume robine sortie du néant.

Le 8 juillet 1690, Racine et Boileau adressent une lettre au maréchal de Luxembourg, tout frais vainqueur de la bataille de Fleurus sur les alliés de la Ligue, pour le féliciter d'une victoire si parfaite à raconter, où tout se « rencontre à la fois, la grandeur de la querelle, l'animosité des deux partis, l'audace et la multitude des combattants, une résistance de plus de six heures, un carnage horrible, et enfin une déroute entière des ennemis. Jugez donc quel agrément c'est pour les historiens d'avoir de telles choses à écrire ». Il y a l'homme de guerre, et il y a l'historien. Celui qui pourfend, et celui qui décrit, par une séparation des tâches où la plume donne forme, volume et sens à la geste héroïque. Mission traditionnelle d'un historiographe. Mais un nouvel acteur apparaît : l'opinion publique. Le public suit la guerre dans la presse. Il suppute, il envisage. Il espère. Ils sont nécessairement nombreux, ceux qui discutent des actions du roi avec l'irrévérence de l'échevin quolibetier à la sortie de Lyon près du fleuve, sur la route d'Uzès.

De l'historien officiel aux communiqués de guerre, le pas se franchit d'un saut.

Racine loge à Marly et il écrit à Despréaux dans la chaleur d'août 1693. Nous sommes le matin. On a appris que la victoire du maréchal de Luxembourg à Neerwinden fin juillet était plus qu'une victoire, on parle de triomphe : les troupes hollandaises ont fui, abandonnant une trentaine de drapeaux, cinquante-cinq étendards, soixante-seize pièces de canon, huit mortiers et neuf pontons. On va, dit-on, en tapisser Notre-Dame. La veille, Racine s'est fait dicter le récit de la bataille par le comte Albergotti, favori du maréchal, comme si c'était par le maréchal en personne. Il envoie à Boileau sa lettre ainsi que le récit, en le priant d'expédier le tout bien cacheté à l'abbé Renaudot, directeur de la *Gazette*. Solidement bordé de ce côté, il redoute que le *Mercure* ne présente des faits une version inexacte. Depuis sa création en 1672, le journal est dirigé par Jean Donneau, sieur de Visé, plus tard secondé par Thomas Corneille, et depuis 1672 cet intriguant lui taille des croupières. Ils ont toujours été en litige, Racine, Donneau et le *Mercure*. Et d'autant plus maintenant que de Visé s'est récemment acquis, lui aussi, une commission d'historiographe. Racine fait partie de ces gens qui ne diffèrent jamais l'exécution de ce qu'ils ont résolu (hormis ce qui le dérange vraiment, comme se soigner ou le blason). Il décide de s'entremettre auprès de Croissy, le secrétaire d'État aux Affaires étrangères, et de censurer le rival. Il estime de la plus indispensable urgence de privilégier la *Gazette* et de publier l'article directement inspiré par le représentant du glorieux vainqueur, dans la clientèle duquel il figure.

Une opinion publique émerge, encore dans les limbes, mais bien réelle, et cette émergence coïncide avec une nouvelle conscience du savoir et du travail. Ce n'est pas en tant qu'artiste que Racine s'est désembourbé de sa médiocrité sociale d'origine, mais en tant que technicien. Un technicien de la plume. Savoir-faire et faire savoir, simultanément.

Sa nomination au service du roi en 1677 élimine la scène et les passions d'actrices, tout comme l'élévation de Titus à l'empire bannit Bérénice et l'amour. C'était l'un ou l'autre, le plaisir ou le métier. L'écrivain professionnel et le roi professionnel. Pas seulement courtisan professionnel, donc, mais technicien et homme de Cour, l'un ne va pas sans l'autre.

Étrange contradiction : il a les doigts pleins d'encre, et c'est ainsi maculé qu'il grimpe les barreaux. Plus il se couvre d'encre, et de la plus gommeuse, celle du spécialiste, plus il se rapproche du soleil.

L'identité de Titus tient dans l'administration de l'État, il se dissout dans le pouvoir, lui sacrifie ses extases, s'élève au-dessus de la différence des sexes, il devient la foule qui se presse dans son antichambre, les tribuns, les consuls, le sénat, le peuple : son unique interlocuteur se concentre dans l'anonymat de la République, transformée en témoin, censeur et soutien de son prestige impérial. Il quitte Bérénice pour la voix publique asexuée, idolâtre et menaçante, qui se confond avec le père haussé parmi les dieux lors de la nuit de l'apothéose. Et maintenant, Titus Louis XIV, fatigué de la guerre, roi administrateur, attire vers lui son scribe et le récompense. Il partage avec lui un peu de sa grandeur. Il invite le professionnel à rayonner dans son aura.

Bussy-Rabutin éprouvait une envie hystérique de faire l'éloge de Louis. Il se porta candidat au poste d'historiographe, fit donner ses appuis, sa cousine Sévigné, Mlle de Scudéry, Corbinelli. Gentilhomme de haute naissance tout couturé d'exploits, il lui semblait inconcevable qu'un plumitif aux relents d'huile de coude reçoive commission d'écrire la gloire du plus grand des rois. Pis : de deux plumitifs, Racine et Boileau. Il adressa une nouvelle requête au monarque en 1679 pour lui proposer gratuitement ses services — les bourgeois sont aux gages — sans succès non plus. Et ainsi pendant quinze ans. Le roi, quintessence absolue de la noblesse, avait préféré à Bussy deux personnes de peu, deux clercs inaptes à l'univers des armes, deux boutiquiers bien trop patauds devant Sa Majesté pour savoir la chanter en sa splendeur guerrière.

Mise à part l'influence de la Montespan et de sa sœur Gabrielle de Thiange, les talents littéraires de Racine et de Boileau n'expliquent qu'en partie ce choix. N'était-il pas bizarre, déjà, que le théâtre où se mirait si fidèlement la Cour fût l'œuvre des bourgeois ? Ce que ne comprennent pas Bussy-Rabutin le gentilhomme fêtard ni ses amis, c'est que Louis, pour chanter sa gloire, nomme et rétribue précisément des *gens de l'extérieur*. Il n'achète pas leur loyauté féodale, éventuellement talentueuse, mais leur vision distanciée et la rigueur de leurs compétences. Primi Visconti, également candidat au poste, pouvait bien juger que Racine faisait parler Alexandre avec des sentiments de plébéien, la pièce n'en fut pas moins applaudie du souverain et de la Cour. C'est parce qu'il venait d'un autre monde que Racine put exprimer si exactement la profondeur de la vision que la Cour n'avait pas d'elle-même, l'imaginaire qu'elle renfermait dans les chatoiements de sa surface, et qu'il lui révéla sous la forme de passions à la fois éthérées, incestueuses et sucrées, avec une justesse fondée sur la perception intime qui l'avait imprégné durant son enfance auprès des grands, dans la vallée des Messieurs.

Le duc de Chevreuse vivait avec le duc de Luynes son père au château de Dampierre. Il avait cinq ans en 1651 quand il perdit Louise Marie Séguier sa mère, et que le duc de Luynes, âgé de trente ans, alla s'ensevelir chez les Solitaires, dont Dampierre était proche. Là, reclus, perdu pour le monde, se mortifiant jusqu'à s'écorcher les mains à des travaux d'entretien pour le monastère, ne voyant plus personne et ne souhaitant plus rien, le duc de Luynes désolait sa mère Marie de Rohan remariée duchesse de Chevreuse après la mort de son époux un an après la naissance de son fils, qu'elle vénérait.

La duchesse de Chevreuse avait une demi-sœur de quarante ans sa cadette, qu'elle élevait chez elle. Anne de Rohan était une jeune fille éprise d'idéal et tournée vers Dieu. Elle souhaita se consacrer à Lui.

À présent novice chez les sœurs, Anne de Rohan s'apprêtait à revêtir le voile, quand le duc la considéra d'un autre œil du fond de sa solitude. Racine avait alors une douzaine d'années. La passion échevelée du duc de Luynes pour cette religieuse qui était sa tante et qui atteignait à peine la moitié de son âge avait pour seule alternative le mariage ou une réclusion perpétuelle. La duchesse de Chevreuse redouta que son fils ne s'enterre plus obscurément encore s'il n'obtenait de Rome l'indispensable dispense. Elle fit quitter à sa sœur le voile blanc, et graissa la patte au Saint-Siège. Le duc de Luynes épousa Anne de Rohan sa tante en 1661, en eut sept enfants, et l'adula jusqu'à sa mort en 1684, avant de se remarier une troisième fois l'année suivante.

Racine, enfant, pareil au petit Marcel devant les Guermantes, vécut des années dans l'écho du roman de Dampierre. Très haute noblesse, très hautes amours, très pures.

Amours d'une sensualité spirituelle, tragiques par le sublime, puisées dans l'adoration de la croix et la transgression de l'inceste, ce fruit exquis des pénitents.

MÉTIERS

Durant les années où monte la vieillesse, qui forment la partie la plus copieuse de sa correspondance, Racine réserve à Fagon une place de choix. Entre Fagon et lui, un an de différence : le premier est de peu l'aîné. Exactement le même écart qu'avec Louis, et dans le même ordre. Pourtant Fagon survivra dix-neuf ans à l'auteur de *Phèdre* en dépit de son asthme et de son paquet d'os, conservé par une hygiène de vie sourcilleuse : ni festins ni veilles, ou du bout des lèvres.

Ils partagent une sphère sociale identique et une mentalité cousine. Si Fagon passe pour l'Esculape de son temps, Spanheim, dans sa *Relation de la Cour de France en 1690*, utilise pour Racine l'expression « savant de la

Cour », ajoutant qu'il « débite la science avec beaucoup de gravité ; il donne ses décisions avec une modestie suffisante, qui impose ». Cette assurance, cette modestie de commande, cet air empesé, ces considérations qu'il débite comme des diagnostics, réunissent l'homme de l'art et l'homme de lettres.

Fagon se distinguait de la meute par la personnalité de ses points de vue, par ses connaissances en botanique, apôtre des infusions de quinquina et des linges chauds contre la goutte, pourfendeur du vin de Champagne et des petits pains mollets dont l'acidité ou la levure aigrissent les mélancoliques. De même, Racine se signale par sa connaissance du grec, jointe à celle du latin, de l'italien, de l'espagnol, de l'anglais, et de tant d'autres choses. C'est un grammairien. Il a tout lu. Il se souvient de tout. Il a réponse à tout.

Il a longuement annoté l'*Iliade* dans l'édition de 1554 de Turnèbe, le grand Turnebius, l'*Odyssée*, les *Olympiques* de Pindare. Denys d'Halicarnasse, Lucien. Des poètes et des historiens.

Savoir ce qui est noble dans la langue et ce qui est ignoble constitue un casse-tête pour lui. Dans une lettre à Boileau de 1693, il se réfère à Denys d'Halicarnasse pour ouvrir le débat suivant : où se tient la beauté d'un texte, dans la noblesse des mots ou dans leur arrangement ? Dans l'arrangement, affirme-t-il, avec cette conséquence que l'usage de mots quotidiens n'ôte rien à la valeur d'un vers, pourvu qu'ils soient agréablement agencés. Il est des mots bas et impurs, mais cet aspect devient secondaire. Pour Charles Perrault, le sens des mots fait l'éloquence, sans égard pour la façon de les ordonner. Pour Racine, l'art réside dans l'économie de la tournure. L'esthétique gît dans la période, non dans les parties. Aucun mot n'est en soi noble ou ignoble – ni finalement aucun être – puisqu'ils parviennent à la poésie par la réussite de leur union. Il ne disait pas autre chose trente ans auparavant dans ses notes sur le livre V de l'*Odyssée*, où, distinguant le grec et l'italien du latin et du français, il remarque qu'en grec les mots les plus triviaux tels que cognée, scie, vilebrequin, peuvent exprimer noblement une idée, alors qu'en français les oreilles sont trop délicates. Il déplore que nos poèmes, et même nos romans, ne parlent pas plus de manger que si les héros étaient des dieux dispensés de se nourrir, alors que Homère fait manger ses héros à la moindre occasion, et les garnit toujours de vivres lorsqu'ils partent en voyage. À Boileau qui prétend qu'en grec le mot âne est très noble, Racine répond : très noble, non, simplement c'est un terme « qui n'a rien de bas, et qui est comme celui de cerf, de cheval, de brebis, etc. ».

Le fond de l'affaire se découvre dans l'*Odyssée,* au sujet de l'embarcation construite par Ulysse pour se sauver de l'île de Calypso, notant qu'il « n'est point malséant à un homme de savoir faire les plus petites choses, parce que la nécessité les rend souvent très importantes ». Le premier mouvement de Racine, en arrivant chez l'oncle à Uzès, fut d'envoyer son valet chercher des clous à broquette en ville pour arranger sa chambre. Racine est un manuel contrarié. Mentionner la plume dans son cas, c'est au sens propre. L'homme à la belle carrure a un corps. Il a une mémoire et des doigts pour tâter les mots. Il sait très bien qu'en choisissant, politesse de la Cour oblige, l'abstraction des plans au cordeau et des compositions verbales, il délaissait la substance des mots. Dans cette lettre à Boileau de 1693, on sent que Racine regrette

160

que le génie de notre langue lui interdise l'emploi des termes simples de la vie courante, de la vie qui court, de celle qu'il mène au foyer familial, dans son domestique, celle qu'il utilise pour envoyer ses gens lui rapporter un livre ou harnacher ses chevaux, pas la langue du génie de la langue, mais celle de sa vie privée, de la vie, sa langue.

Quand Despréaux se désespère à Bourbon, « j'allai hier au soir à Versailles, lui écrit Racine, et j'y allai tout exprès pour voir M. Fagon, et lui donner la consultation de M. Bourdier ». Il fallait que M. Dodard aussi voie le dossier. C'était le médecin de la princesse de Conti, un spécialiste de la transpiration, de la perte de poids, et de la voix. À ce titre, il compose un traité de musique. Dodard est un ami intime de M. Hamon, médecin de Port-Royal, aux pieds duquel Racine demandera à être inhumé. Dans ce milieu, tout se lie. Ils étaient récemment ensemble à Luxembourg, et il y avait aussi Félix, qui assistait aux ordonnances, demandait des remèdes, et se croyait le plus malade des trois, avant d'aller au marché acheter des écrevisses. Fagon n'est jamais très loin, dans la correspondance. On le voit le lundi de Pâques 1698 consulté sur la crise de Françoise, Fanchon, l'avant-dernière, douze ans (Louis est le dernier, Lionval, sept ans), que Racine, en père catastrophé, trouve renversée sur son lit sans connaissance, le visage bleu, les yeux révulsés, avec un bruit de gouttière dans la gorge. La fillette a frôlé l'asphyxie. Catarrhe suffoquant, diagnostique Fagon. Tout se calme après sa visite.

Il est déjà là le 13 août 1687 pour récuser le traitement par les eaux, tandis que Louis prophétise qu'il suffirait à Boileau de reprendre ses activités pour recouvrer la voix sans même y penser. L'amabilité du roi a charmé tout le monde. Les courtisans disent que le roi est, après Dieu, le plus grand médecin du monde. Il ne s'agit pas d'écrouelles ni de vertus occultes, mais du pouvoir humain de la majesté en actes, qui guérit et qui panse. Fagon répète à Racine que Boileau doit quitter les eaux au plus vite, peu importe : la vérité ne coule pas de la source médicale, mais de la bouche édentée du monarque.

Revoir un prince qui est si bon pour lui ferait à Boileau plus que tous les remèdes.

Ainsi s'exprime Toussaint Roze, marquis de Cove, secrétaire du Cabinet, président de la chambre des comptes et académicien, que tout le monde à la Cour appelle M. Roze, tout court. Et même, pour un peu, M. Roze plaçait le roi devant Dieu.

Infirme recul de Racine. L'humain et le divin ne se confondent pas pour lui. La flagornerie excessive de Roze marque la limite des fascinations. Le roi ne passe jamais devant Dieu, et les miracles qu'induit sa présence ne relèvent pas des saints mystères. Le roi est le plus grand médecin du monde, mais dans le registre d'une foi humaine. Pour l'honnête homme, toujours, si charmé soit-il par le despote, Dieu reste sur son trône et Louis sur le sien.

Vauban est moins présent que Fagon, mais en plus dense. Il conduit le siège de Namur en juin 1692 avec une maestria de professionnel hors pair. Les circonvolutions entourent les montagnes et les canons ravagent les fortins qu'ils font s'effondrer sur l'ennemi terré dans des trous sans eau, sans pain, sans lumière, terrifié par les tremblements du sol sous la violence des bombes.

Racine oscille entre le chapeau bas et le dégoût.

Vauban, méthodique, domine les opérations de sa science et de son humanité. Il s'est fixé une mission inflexible et qui tient en deux mots, venir à bout de toute place-forte grâce à l'artillerie, et épargner au maximum nos soldats. Il vit entouré d'ingénieurs. Il en prête à Racine pour lui expliquer sur le terrain la disposition des pièces d'armement et des forts. Et lorsqu'il s'adresse à ses hommes avant une attaque, il leur parle ainsi, comme s'il savait par avance qu'elle se déroulerait dans un ordre merveilleux, et que la victoire était acquise : « Mes enfants, on ne vous défend pas de poursuivre les ennemis quand ils s'enfuiront, mais je ne veux pas que vous alliez vous faire échigner mal à propos sur la contrescarpe de leurs autres ouvrages. Je retiens donc à mes côtés cinq tambours pour vous rappeler quand il sera temps. Dès que vous les entendrez, ne manquez pas de revenir chacun à vos postes. » Il est peu de passages, dans toute l'œuvre de Racine, y compris la correspondance, où le style se déroule avec cette simplicité dans les termes qu'il réserve habituellement aux paniers de fromages que lui envoie Marie, à la demi-douzaine de jambons offerts par Mme d'Heudicour, aux migraines de Marie-Catherine la fille aînée, celle qu'il préfère, la seule des cinq qui ne terminera pas chez leur mère ou bonnes sœurs, ou à la veste du fils pour l'entrée solennelle de l'ambassadeur Bonrepaux à La Haye.

En ce printemps 1692, bien que ce ne soit pas sa première campagne, une scène le marque tout particulièrement : lors de la prise de la place de Namur aux premiers jours de juin, trois batteries françaises placées sur les hauteurs ont pilonné les Espagnols, leur tuant douze cents hommes en deux jours. Ils ne disposaient plus d'aucune protection, et l'on dit « qu'on a trouvé les dehors tout pleins de corps dont le canon a emporté les têtes comme si on les avait coupées avec des sabres ». Tout Vauban paraît à Racine dans cette double face du rasoir, le champion de la balistique obéi le doigt sur la couture par ses hommes, et la masse de fonte anonyme qui vous hache.

C'est pourquoi, juste après la comparaison des sabres, après cet usinage de la tuerie, Racine, de manière symptomatique, reprend aussitôt : « Cela n'empêche que plusieurs de nos gens n'aient fait des actions de grande valeur. » Et il se lance alors dans l'histoire du soldat du régiment des fusiliers qui se fait couper un bras à force de replacer un gabion, avant, dans une autre lettre, de passer aux trente-cinq pistoles du grenadier Sans-Raison, ou à la singulière piété du lieutenant de la compagnie de grenadiers Roquevert, qui portait un cilice durant les combats et avait fait ses dévotions la veille. Il s'émerveille de la bravoure des humbles, de leur sens de l'honneur et de la répartie, de la vertu des officiers, grisé par le roi en armure à la tête de son régiment, par l'odeur de la poudre et par la vue des atrocités, par le génie de Vauban, par l'avalanche de mots techniques qu'il manie avec la même dextérité que pour ses manœuvres dans le dédale financier ou pour les rentes ecclésiastiques à Uzès, admiratif devant la longueur des tranchées, le panache de Monsieur le Prince et l'esprit chevaleresque du maréchal de Luxembourg, rare moment où l'on sent de la gaieté dans ses lettres, avec le séjour de 1687 à Marly.

Il ne dit pas un mot de ce qui lui arrive à lui personnellement, rien sur ses émotions, il voit, il écoute, il apprend, pas tout à fait neutre mais presque, avec pourtant cette gaieté, cette allégresse en dessous, d'être à la guerre, lui Racine, tout près du roi et des princes et des maréchaux dans les héca- tombes, homme d'épée sans doute, mais homme de plume d'abord, qui écrit tantôt pour communiquer au public, tantôt en his- torien naturel, sincère, dans un échange privé, se livrant au papier, et spécifiant à Boileau, sur la fin de sa lettre du 24 juin 1692 : « Ne me citez point. »

À la publication de *Britannicus* en 1670, il dédie la pièce au duc de Chevreuse, le fils du duc de Luynes, que tout le monde adorait, sa famille, ses amis, ses valets. C'était un intel- lectuel qui passait pour le parfait exemple de l'esprit de géométrie dans le corps d'un aris- tocrate. Mais un aristocrate passionné par le bien public. Il torturait les idées par des argu- ments d'une sophistication en apparence imparable mais qui tournaient à vide, et il rata toutes ses entreprises de progrès écono- mique et social : une route inutilement pavée à travers ses forêts, un canal qu'il fit creuser où ne coula jamais une goutte d'eau. Intelligence *in abstracto*, comme le montrait son tempérament de rêveur, laissant ses carrosses attelés piaffer durant des heures parce qu'un point de logique l'obsédait, ou s'oubliant à des inductions étourdissantes dans le renfoncement d'une fenêtre à Versailles sans remarquer que ses interlocuteurs se succédaient, chacun lassé à son tour.

Pourtant cet évanescent libéral, réputé pour sa modestie, et que Saint-Simon dépeint avec émotion, eut ses entrées à son gré auprès du roi auquel il chuchotait des considérations d'État, ministre *incognito* qui, sans paraître au Conseil, en recevait toutes les délibérations, sans la moindre humeur contre la situation plus exposée et plus éclatante du duc de Beauvilliers son beau-frère, homme de même trempe et de piété aussi ardente, mais les pieds sur terre, préférant à cette position officielle les joies d'une mortification qu'il concentrait dans un appétit d'oiseau, des confiseries pour l'estomac, un quignon de pain vidé de sa mie ou du poisson bouilli, sans autre péché que des lampées de quinquina subrepticement éclusées d'une bouteille cachée dans une armoire, après s'être engagé, par vœu de sobriété, dans une diète impitoyable.

Dans cette dédicace de *Britannicus* au duc de Chevreuse, Racine introduit un éloge de Colbert son beau-père, ministre entièrement dévoué au roi et au bien public, travailleur incessant, qui a apprécié « l'économie » de la pièce. Puis, dans la préface, juste après la dédicace au duc géométrique, et l'éloge de Colbert le héraut des manufactures et des entrepreneurs, Racine définit l'idéal de la tragédie comme « une action simple, chargée de peu de matière », dont l'action « n'est soutenue que par les intérêts, les sentiments et les passions des personnages ». Personnages, écrit-il : pas héros. Il emploie un terme fonctionnel, un terme de métier.

Technique réaliste, plus que vocation brûlante.

Racine représente une époque où le spectaculaire restait le mode normal de gouvernement, mais où, déjà, la rationalité de l'économie diffusait dans le corps social ses rouages de papier et ses colonnes de chiffres. Dans le fragment 10 de son œuvre historique, il observe que deux jours après la mort de Colbert « les bouchers de Paris et les marchands forains avaient abandonné Sceaux et allaient à Poissy : lettre de cachet, puis arrêt du Conseil pour les obliger de retourner à Sceaux.

Tailles

En 1658	56 millions
En 1678	40 millions
En 1679	34 millions
En 1680	32 millions
En 1681	35 millions
En 1685	32 millions. »

Tel est le fragment, ce bloc de bouchers et de recettes fiscales. Racine n'a ici plus rien à voir avec les ronds de jambes d'Alexandre ou les lamentations de Pyrrhus. En 1693, dans le fragment 15, il écrit que « depuis l'année 1689 jusqu'au dixième d'octobre 1693, on a fait pour quatre cent soixante et dix millions d'affaires extraordinaires. Le clergé, entre autres, dans ces quatre années, a donné soixante et cinq millions ».

Racine n'accorde aucun but précis aux faits bruts, ni aux réflexions qu'il griffonne dans les marges. Il accumule, il classe, il pense selon les lignes de force de son temps. Racine palpe les ambiances. Il a l'oreille sociale juste. C'est même un extraordinaire musicien de la chose. Les sciences expérimentales s'installent, on ne les détrônera plus. Racine évolue à l'aise dans les règles, les quittances, le vocabulaire spécialisé et les méandres bureaucratiques. Sa sensibilité saisit les vents dominants. Il en est l'un des porte-parole.

Saint-Simon relate dans ses *Mémoires* un grave conflit entre le maréchal de Lorges et l'intendant La Fond. L'un est un aristocrate du plus beau monde, l'autre un haut fonctionnaire. La Fond ayant trahi la confiance du maréchal, celui-ci fournit au Cabinet les preuves de sa déloyauté et de son incompétence, et le fait révoquer. Il n'empêche : en dépit de ce précédent, le successeur de La Fond, l'intendant La Grange, voit ses avis primer ceux du maréchal lors de la campagne de Basse-Alsace, qui nous a tant coûté. Et Saint-Simon conclut : « Tant la plume a eu, sous le Roi, d'avantages sur l'épée, jusque dans son métier et malgré les expériences. »

Versailles fut bâti sur la longueur d'un demi-siècle autour de l'ancien pavillon de briques et d'ardoises où venait chasser Louis XIII, monument, *monumentum*, d'un passé révéré. On construisit pour le palais du maître des bâtiments nouveaux, ailes et galeries, chenils, bassins et parcs, présentés à l'adoration du royaume dans une explosion

171

de faste apollinien et de culte solaire. Et dans cette assymétrie où la royauté plaquait sa démesure sous le regard du peuple à des années-lumière, accolant le sceptre chrétien et le totem païen, la majesté du roi bâtisseur qui fit de l'architecture l'emblème de l'art classique conduisit Boileau à cette boutade : résumant son métier au commis du Trésor qui l'interrogeait sur la nature de ses ouvrages, il répondit : « De la maçonnerie ; je suis un architecte. »

Pour écrire ses pièces, aux dires de son fils Louis, Racine dressait un plan précis de chacun des actes, puis versifiait. D'abord le squelette, la chair ensuite. En le nommant historiographe, Louis XIV n'achetait pas une inspiration, mais une méthode. Pas un talent, mais une compétence. La préface de *Bérénice* dédiée au marquis de Seignelay, le fils de Colbert, où Racine vante les importantes occupations qui attachent le ministre au prince et au bien public, magnifie les vertus du travail. Il s'agit moins du devoir de plaire, comme lorsqu'il s'adressait à Madame dans la préface d'*Andromaque*, que de passion pour l'État et le roi qui l'incarne.

Ce n'est plus l'*otium*, mais le labeur. L'étude monacale et les conférences d'amis, mais l'accumulation productive. Au moment même où Louis refuse à Pontchartrain l'alliance avec Marie Geneviève Malauze, il promeut les gens de peu, et par cette promotion du mérite, qui est celle du savoir, il injecte au cœur de la société holiste les ferments d'un ordre égalitaire.

Racine est aux antipodes de l'artiste moderne, cet héritage des romantiques : lui mettait sa science au service de la majesté du roi, l'autre met son inspiration au service de la majesté de l'art. Racine écrivait pour le roi. L'artiste, pour soi. La majesté du roi faisait le moteur du professionnel, la majesté de l'art fait le moteur du romantique moderne. Racine visait à l'immatérialité du style en composant ses partitions dans une perspective musicale. Écrivant pour la majesté, il cherchait le diaphane. Son métier consistait à vider la langue de ses traces d'organes, à l'épurer. La modernité n'a qu'horreur pour cette abstraction. Elle veut embrasser le langage dans ses élégances et ses puanteurs. Cet horizon de pureté aux délires coupables ne la concerne plus. D'où la réaction postrévolutionnaire du grand charriage de tous les genres sous le règne de l'égalité, Hugo, la Préface de *Cromwell*...

Aujourd'hui, on souffre en gravissant les protestations passionnées d'Alexandre, les jalousies d'un Mithridate, les rages d'une Hermione, les soupirs d'un Bajazet, toutes ces mièvreries de Céladon qui fatiguaient les cornéliens, Mme de Sévigné ou Saint-Évremond, en conséquence de la subordination perpétuelle des motifs politiques aux ressorts amoureux.

Il faut surmonter ses bâillements pour atteindre l'immense réservoir d'images et de fantasmes où la hargne du créateur se libère des roucoulements du tendre. Racine, contraint mais de sang-froid, a choisi l'éther contre la substance, et « l'illisible à la canaille » de Michaux persiste, comme le sentent bien les amateurs de littérature en phase avec la transcription de la rude énergie de la vie. Le pacte de lecture invoqué par Thierry Maulnier ne va nullement de soi depuis la disparition d'un monde par nature oisif et par définition rentier, affranchi de toutes contraintes relatives au travail et à l'impôt, qui déclinait ses éphémérides en salons, bals, jeux, comédies et promenades, visites à faire, visites à rendre, né pour le loisir et la guerre, pour la conversation charmeuse.

Un pacte suppose une adhésion à l'eau lustrale où trempait le public de Racine, à cette mentalité hantée par la mort et l'immaculé, imbibée de la suavité de l'Église. Il est devenu difficile de s'attendrir devant cette liturgie de la fadeur qui rendait la Champmeslé touchante et Junie à pleurer. Les larmes que, d'après Boileau, « Iphigénie en Aulide immolée » coûtait au parterre, ou, selon La Fontaine, les façons de l'actrice d'aller « droit au cœur », je doute qu'on s'y livre encore.

Ni *Esther*, ni *Athalie*, ne sont ici en cause. Il est question des pièces profanes. Les rôles où la Champmeslé émouvait La Fontaine, c'était *Phèdre* et *Bérénice*, qui ne touchent plus personne, à l'exception de quelques cas étranges.

Quels que soient les interprètes.

On a mis *Phèdre* en scène – Luc Bondy –, d'une inspiration aussi élevée que les purs glaciers des montagnes de Suisse. Sans doute fallait-il cette distance pour ressourcer le regard. Chaque acteur se trouve dans sa voix.

Le débit musical de l'acteur qui joue Hippolyte le rend léger, ouvert aux possibilités de l'avenir. Le Thésée qui reparaît, rescapé de l'empire des morts, est un Thésée déchu, furieux d'être superflu dans cette famille où il n'importe plus, tout juste bon à rugir et à se plaindre. L'admirable Œnone forme une mécanique aveugle par sa diction hachée qui s'arrête à chaque hémistiche, comme si elle n'avait pas assez de souffle pour exprimer d'un trait son amour viscéral. Théramène lui fait pendant, impassible dans sa mince tunique noire, gouverneur du jeune prince qu'il protège de toute son attention. Par leur présence, les deux confidents nourriciers écrasent la pièce. L'érotisme de Phèdre, enfin, exprime le retour au Thésée d'autrefois, celui du Minotaure, héros idyllique transformé en mari infidèle et ulcérant, retrouvé à présent dans la jeunesse du fils.

Nous connaissons l'adultère et l'inceste, nous comprenons les remords de Phèdre, mais ils nous indiffèrent. Elle est forcée d'amplifier ses intonations pour nous émouvoir, elle y perd de la vérité, elle en devient déconcertante par les supplices d'un désir que nous ne réprouvons pas, que nous trouvons légitime, qui ne nous concerne pas. C'est le problème des représentations de Racine : nous ne croyons plus au tragique des passions, même si nous admettons le drame de la faute.

AMOUR

Quand il écrit à Mme de Maintenon, le
4 mars 1698, il est à bout. Il se demande s'il
peut encore compter sur sa protection. Il
craint d'avoir perdu la confiance du roi, que le
roi soit en colère contre lui. Il est possible
que la colère dont Racine fait ici l'hypothèse
ait surgi depuis le début du séjour : pour
Marly comme en tout, c'est le roi qui nomme.
Racine a obtenu l'invitation fin février, on
peut croire que l'orage, alors, ne s'était pas
levé. Quoi qu'il en soit, le silence sur la
demande de reversement de la taxe est de si
mauvais augure, et l'accusation de jansénisme
si dangereuse, qu'il réalisc à plein le renonce-
ment à une carrière tranquillement balisée
pour s'offrir à Louis l'implacable. Fouquet

mourut fou à Pignerol à moitié rongé par les rats, et Chavigny de la Bretonnière dans une cage au mont Saint-Michel pour son *Cochon mitré* hostile aux curés. La menace est douce pour Racine à côté de ces horreurs. Il peut craindre au pire le sort de d'Aquin.

On devine l'ombre de la Maintenon derrière le roi. C'est à elle qu'il s'adresse. Il se tourne indistinctement vers l'un et vers l'autre, il parle aux deux. Il se plaint qu'on l'ait fait passer pour janséniste dans l'esprit du roi, puis rappelle à la dévote qu'elle le félicitait de sa soumission d'enfant devant les volontés de l'Église. Soumission devant le roi, soumission devant elle : « J'ai fait par votre ordre près de trois mille vers sur des sujets de piété. » Il a tout donné, et soudain il s'avise que c'est exactement comme s'il n'avait rien donné. Il est privé de l'honneur de la voir. Il l'a sollicitée, autrement dit, et elle s'est détournée. Il s'est astreint, pour lui être agréable, à rédiger *Esther*, *Athalie*, les cantiques, à s'immerger dans les livres sacrés. L'effort lui a coûté. Racine est croyant sincère, mais ni doctrinaire ni bigot. Rien de dogmatique chez ce sujet zélé, tout en souplesse. Janséniste, lui ? C'est confondre le cœur et l'indiscipline, le parti pris théologique et la fidélité à sa tante qui l'a introduit aux grandeurs religieuses autrefois, première éducatrice, au temps de « ma mère ». Il hait les nouveautés, jamais il ne s'est risqué à une initiative qui pourrait déranger Sa Majesté. Il n'existe pas pour lui-même, Racine. Il travaille, il écrit, il pense pour autrui, il ne force aucune porte. Il n'a pas tenté de contourner l'épouse sourcilleuse dans l'affaire de la taxe, d'adresser sa requête au roi par l'archevêque de Paris, il n'a pas rencontré l'archevêque depuis deux mois, il n'a d'autre occupation que de passer « sa vie à penser au Roi, à s'informer des grandes actions du Roi, et à inspirer aux autres les sentiments d'amour et d'admiration » qu'il a pour le roi.

Aimer le roi, le glorifier, il n'a jamais rien fait d'autre.

Il n'est là que pour servir. Il avoue à Marie qu'il ne se permettrait pas pour lui les démarches qu'il consent pour elle. Il se veut utile, avec la discrétion d'un homme à qui l'on passe commande, vers qui l'on vient, qui connaît sa place, à la disposition des maîtres, on vient vers lui et il écoute : les grands seigneurs, dit-il, « m'ont bien plus recherché que je ne les ai recherchés moi-même ». Sa vie est un long sacrifice à la grandeur du roi et des seigneurs.

Aux alentours de 1694 Monsieur le Prince, le fils du Grand Condé, qui aime le théâtre, lui demande un petit mémoire pour la décoration de sa ménagerie de Chantilly. Racine compulse Hérodote, Pline, Strabon, Plutarque, ratisse large, travaille dur : investigations et rédaction du mémoire en trois jours. Il prête sa plume et son oreille, l'inspiration l'emplit au nom des autres. La source n'est pas en lui. Il a besoin des attentions de Vitart, de Le Vasseur, de Chapelain, de La Fontaine, de Valincour, de Boileau pour écrire. Il envoie un flot de lettres à des correspondants. Il a besoin du roi. Il a besoin de l'épouse du roi. Il a besoin des autres, pour tout. C'est un être-pour-autrui.

Ce qu'on appelle la conversion de Racine ne relève pas d'une conversion strictement religieuse. La nature de sa foi n'avait aucune raison de changer, foi d'enfant, il le signale. Il a dépassé la peur de Dieu. Lui qui redoutait horriblement la mort a surmonté la peur, il est rentré en lui-même, il ne songe plus qu'à son salut. Le 10 mars, moins d'une semaine après, écrivant à Jean-Baptiste, « je n'ai plus à cœur que de me sauver », cette affaire prime toutes les autres, c'est « la seule proprement à laquelle nous devrions tous travailler ». Mme de Maintenon lui ferme sa porte, le roi n'a pas donné suite, et lui, revenu dans son cabinet rue des Marais, demande au fils ce qu'il en est de la chapelle de l'ambassadeur, s'il la fait desservir par des prêtres séculiers ou par des religieux. Puis, comme la police intercepte les courriers, que les lettres sont ouvertes et la voie incertaine, il le charge, prudent, de montrer à Bonrepaux « un endroit de Virgile où Nisus se plaint à Énée qu'il ne le récompense point, lui qui a fait des merveilles ». Que le fils cherche l'endroit, il le trouvera fort beau : seule et unique critique contre Louis, de toute la correspondance.

Cette panique à Marly suivie de l'amertume et de l'aspiration qui le tire vers le ciel, c'est comme s'il était passé de la remise de la taxe par le roi à la remise des fautes par Dieu. Ce n'est pas la foi qui change, mais son objet. La passion pour son salut remplace la passion pour la majesté. Et plus il avance, écrit-il en juillet, plus il pense « qu'il n'y a rien de si doux au monde que le repos de la conscience et de regarder Dieu comme un père qui ne nous manquera pas dans tous nos besoins ».

Et en juillet toujours, dans une lettre remplie de morts où il annonce qu'il n'ira pas à Compiègne, qu'il a vu trop de troupes et de campements dans sa vie, il précise au fils que plus rien ne le retient à la Cour, sinon la pensée de l'établir, et de le mettre en situation de réussir sans lui.

La liberté n'apparaît qu'en arrière-fond dans l'œuvre de Racine, en motifs de frise, en prétexte offert aux conquérants. Dans *Alexandre le Grand*, Taxile, roi aux Indes et frère de Cléofile qui aime Alexandre et en est aimée, aime Axiane qu'aime Porus, également roi aux Indes. Axiane et Porus refusent la conquête, Taxile a choisi de se rallier : ils voient en lui un traître. Défait par Alexandre, passant pour mort, Porus s'enfuit pour lui résister, tue Taxile, reconnaît à son tour les vertus du vainqueur, qui lui pardonne et pardonne à Axiane. Tel est le canevas.

La pièce, observait Roland Barthes, rend hommage aux collabos. Taxile est en effet le collabo type. Le « tombeau superbe » qu'il reçoit illustre la sujétion volontaire des États au conquérant invincible et glorieux. En se sacrifiant au nouvel ordre impérial, Taxile montre que le collabo a raison quand le maître s'appelle Louis XIV. Sa mort n'est pas celle du traître, mais le triomphe de la raison du traître que le vainqueur transforme en héros de la solution juste.

Fidèle à Aristote, le tyran, dans les premières tragédies de Racine, n'est pas celui qui opprime par ses actes, mais celui qui parvient au trône par la violence. La tyrannie réside dans l'usurpation du pouvoir indépendamment de son exercice. Une fois l'autorité reconnue, le peuple n'a plus voix au chapitre. Car ce n'est pas la liberté que le tyran opprime, mais le droit dynastique. On le voit nettement dans *La Thébaïde*.

Dans les pièces ultérieures, quand la liberté prend davantage de place, il s'agit toujours de la liberté du peuple face à l'oppresseur étranger. Les libertés individuelles font mauvais ménage avec la majesté du monarque, son pouvoir absolu, son arbitraire absolu. Au comble de sa gloire, Louis XIV annonçait l'homme en trop. Bientôt il n'existera plus de rôle pour la dépense somptuaire, et Versailles, aujourd'hui, n'est qu'une splendeur désaffectée. L'administration de la chose publique condamnait déjà la profusion des fêtes et tendait à contrer l'arbitraire. Les procédures d'enfermement et le prurit de règlements détaillés par l'inoubliable *Surveiller et punir* – au théâtre un édit interdit de siffler en 1690, et même d'applaudir, un dénommé Caraque passe trois semaines au Châtelet pour usage abusif d'un sifflet de chaudronnier – contredisent la justice redondante et ses disproportions, le spectacle des châtiments effrayants aux carrefours des villes dans le déploiement des symboles royaux, les vengeances de la majesté lésée, cette démesure qui mettra à la question Damien au siècle suivant avant de l'écarteler dans un déchaînement de patience, Damien déicide, régicide, parricide, pour un coup de canif mal ajusté.

Tout à la fin Racine est alité, et Catherine de Romanet prend la plume à sa place pour écrire au fils, il prévoit d'aller aux eaux de Saint-Amant dès le printemps revenu, avec elle et Félix, ils le rassurent à quatre mains, et peut-être l'ambassadeur, suggère-t-il, aurait-il une dépêche à porter au roi, il pourrait en charger Jean-Baptiste. Mourir sans le revoir. Ensuite les choses s'arrangent. Heureusement le fils n'a pas fait le voyage, ce qui leur a épargné de la dépense. L'argent, l'impôt. L'homme au rat revient sur les vieux jours. Le roi ne lui remet pas la taxe, ne la lui remettra pas. Racine a pris de la distance. En octobre il se porte bien, en voie de guérison complète, sous réserve d'une diète sévère puis d'une extrême tempérance, ce qui ne le gênerait guère, n'étaient Versailles et ses repas officiels effarants et cette perpétuelle dissipation qui épuise.

Ce n'est pas le Dieu d'une conversion qu'il prie alors, le Dieu d'une démarche spirituelle concertée et qui vaille pour tous les hommes, mais le Dieu des consolations à usage immédiat. Sa dernière lettre à la mère Agnès, le 9 novembre : « J'arrivai avant-hier de Melun fort fatigué. » De même que le fils le remplacera dans sa charge, il a placé Anne, Nanette, la troisième, auprès de la tante, à laquelle il recommande Fanchon, la cinquième. Infinie circularité du monde clos. Et dans la lettre ultime qui nous soit parvenue, du 30 janvier 1699, au fils revenu à Versailles, la seule lettre de l'an nouveau, la santé est bonne, écrit-il, la tumeur au côté droit a beaucoup diminué, il s'est rendu l'après-midi avec l'épouse en promenade aux Tuileries, et l'avant-veille ce fut chez Marie-Catherine la fille aînée, la préférée, qui lui écrivait des lettres déchirantes en quittant le voile qu'elle se promettait chez les saintes filles, auxquelles on interdit d'accueillir des novices désormais, à boire du chocolat dans le contentement d'un heureux mariage. Elle n'a plus de migraines. Ce n'est pas que le parti fût si brillant, mais assorti et de bonne tenue, franche étoffe d'un jeune avocat d'honnête famille, comme lui-même, Racine, l'eût été s'il avait répondu aux vœux des Messieurs au lieu de se vouer à l'adoration du roi. Un mariage sans faste ni prétentions, noué dans une intimité tout amicale le 7 du même mois, avec un sanglier au dîner offert par Condé, entre voisins, les Racine et les Morambert.

Et après le chocolat, dans la félicité de l'affaire bien ficelée, il n'est plus question que de la santé de l'ambassadeur avec qui on ira aux eaux de Saint-Amant, de Cavoie et de Félix, d'un dîner chez Le Verrier avec Boileau et le comte d'Ayen et d'une paire de juments promise par ce dernier, d'un voyage à Versailles qui ne se fera pas, trop fatigué, et d'un séjour à Marly la semaine suivante – fonctions obligent –, et de cette conclusion enfin, si exemplaire de l'éternel retour, de ce manège de visites, de révérences, d'heures dilapidées, dernières lignes de la correspondance aux airs de roman qui se ferme en revenant dans la ronde sempiternelle de son motif obsédant, avec cette chute, qu'on croirait calquée sur celle présente en d'autres lettres lorsqu'il s'agit de la mort de quelqu'un, et qui débouche sur le vide : « Je vous conseille d'aller un peu faire votre cour à Madame la comtesse de Gramont, qui vous recevra avec beaucoup de bonté. »

Cela ne va nulle part. Et Racine qui soutient et secourt Port-Royal, qui souffre dans sa propre famille de l'attitude du pouvoir envers les sœurs, se préoccupe à peine de la liberté de conscience, même dans l'*Apologie*. Loin de constituer une catégorie morale spécifique, les droits de l'individu dépendent de la place occupée dans la pyramide sociale et de l'écheveau des contacts qu'on peut activer. Carcan vertical, marge de manœuvre des plus réduites. Le respect des traditions et des convenances délimite l'aire des mouvements, seuls le libertin et le brigand jouissent de droits effectifs, ceux qu'ils s'attribuent. Hors les États et les peuples confrontés à une oppression, Racine ne s'inquiétait pas de la liberté.

Il a incarné la synthèse éclatante et ponctuelle de systèmes incompatibles, l'un de majesté, l'autre d'égalité, unifiés par l'omnipotence de Louis XIV à son zénith, avant d'exploser en l'honneur de la liberté un siècle presque jour pour jour après la survivance, le 21 janvier 1793, sur un échafaud place de la Révolution vers midi, loin de la foule tenue à distance, le roi Louis Capet seul et la sciure sous la faux, en compagnie d'un prêtre, d'un bourreau et de la République.

Vif, les poumons épanouis, l'œil furetant sous les fleurs, Jean Racine dans son costume de collégien déborde d'amour pour les collines au printemps. Les bois, les jardins, les vergers, l'étang, lui arrachent des exclamations. C'est une nature rêvée, qu'il explore en se baissant sous les feuillées épaisses pour y dénicher des oiseaux et sous la sombre verdure où s'abritent des poires.

Les vallons et les forêts resplendissent de
« pompe », d'une inaltérable « pureté » comparée aux monuments humains, palais et
tours, promis à la poussière. Les montagnes
en diadème couronnent les campagnes et des
poissons d'argent glissent sous l'onde où
l'Océan vomit ses trésors. C'est une nature de
secrets enfouis, de vérités cachées, que célèbre
le collégien exalté à la vue des moissons, des
arbres et de l'eau sur les hauteurs de Port-
Royal-des-Champs. Cette nature ordonnée
par l'Esprit-Saint, toute d'innocence et de
frais ruisseaux, existe depuis l'éternité. Elle
règne à Chevreuse dans les odes où des tau-
reaux de feu aux gosiers pantelants préfigu-
rent la mort d'Hippolyte. Des brebis, des
biches, des cerfs se promènent, des poulains
indomptés défient l'air et le vent, et le pavot
des ombres endort le ciel étoilé. Accord religieux des strophes, candeur des vers avec leurs
métaphores filées. Le musicien débute. Mais
c'est comme s'il dédiait ses odes au grand
Tout.

Racine est quelqu'un qui se donne.

« Et vous ne sauriez croire *con quanto contentamiento acabe de leer esta carta, y quantas vezes,
en aquella hora mesma, la bolvi a leer* », écrit-il

d'Uzès le 16 mai 1662. Son exil se prolonge, le bénéfice traîne, les documents attendus se font attendre, et « vous ne sauriez croire avec quel contentement j'ai achevé de lire cette lettre, et combien de fois, en cette même heure, je l'aie relue ». Racine, qui cite à tour de bras en latin et en italien, ne s'exprime en espagnol que dans cette lettre-là, à deux reprises. Pour dire son *contentamiento*, et, dans les dernières lignes, *antes muerto quo mudado*, plutôt mort que changé, pour assurer l'abbé de son indéfectible fidélité. Les expressions n'ont rien de littéraire, elles ne renvoient à aucune œuvre, à aucun autre fond que cette lettre à Le Vasseur entièrement sous-tendue par le besoin d'affection, par la demande d'amour traduite en espagnol, moins comme une pudeur — Racine déclare nettement ses sentiments, et de même ses héros de théâtre — que pour en appuyer la sincérité.

Ce jour-là, il a écrit à l'abbé et à son cousin Vitart, l'intendant du duc de Luynes, homme mûr, sûr, appliqué, auquel il multiplie les témoignages d'amitié et de reconnaissance. La veille, il a écrit à Mme Vitart, la femme du cousin, de qui il n'a pas reçu un mot depuis trois mois, il ne compose plus, il est tout sec devant sa fenêtre. Il imagine la réunion familiale à La Ferté pour la Pentecôte, où elle se rendra avec tous les autres. Et au cousin : je gâche tout ce que je fais.

Il a une formule, qu'il appelle un quolibet, dans une de ses lettres de l'époque à Le Vasseur, *Si vis amari, ama* : « Si tu veux être aimé, aime. » La formule lui servirait idéalement de devise. Elle résume sa philosophie.

C'est en même temps l'une des règles de base du courtisan, que Baltasar Gracián met au tout premier plan dans *L'Homme de Cour* : « Pour être aimé, il faut aimer, il faut être bienfaisant... » Qu'il ait ou non lu Gracián, l'expérience intime s'est répandue dans l'œuvre et dans le talent mondain : mon talent pour plaire aux grands seigneurs, disait-il, ne consiste pas à leur faire sentir que j'ai de l'esprit, mais qu'ils en ont.

Un bon tiers de ses lettres se plaignent des lettres qu'on ne lui écrit pas, ou qu'on a mis du temps à lui envoyer, ou qu'il espère, ou qui lui ont plu, celles qu'il commente, qu'il relit, celles où il déplore une mésentente, comme avec le cousin Du Chesne, le fils d'Anne Sconin, sœur de Jeanne la mère qui était l'aînée de la fratrie, « je vois bien qu'il n'est pas aussi bon ami que je le suis envers lui ». Il a horreur de se retrouver tout à coup mal avec quelqu'un qu'il aimait bien. Dans la plupart de ses lettres, l'abbé lui manque, ou la Champagne, « la province qui est vers la Marne », le Parnasse, La Fontaine, Boileau, sa femme, ses filles, son fils, sa sœur, son cousin. Il écrit à Jean-Baptiste pour le prier de lui écrire, le félicite avec chaleur de le sentir sur la bonne voie, le remercie de conforter, par ses qualités, sa propre réputation à la Cour, sans constat cynique, mais parce qu'il éprouve un besoin permanent et vital d'évoluer dans le milieu de ses pairs et l'amitié des grands.

Racine est un homme fluide. Il se meut dans une toile d'affinités qu'il s'acharne à maintenir en état, évitant à tout prix les ruptures. Il en est de ses relations comme de son corps : il déteste les égratignures. Il est fragile devant l'hostilité du cousin Du Chesne, devant la mauvaise opinion du grand-père. Souffrance de déplaire, très tôt. Ses difficultés à placer le cousin Romanet dans le bureau de la guerre de feu M. du Quesnoy à cause du ministre Barbezieux, fils de Louvois, hostile au camp Colbert, le troublent visiblement, il s'accroche et passe. Ses démarches pour Port-

Royal impressionnent par leur virtuosité tactique, mais elles traduisent aussi l'énormité du temps dispensé à alimenter le réseau pour le rendre efficace. L'archevêque de Paris le reçoit le lendemain même de sa prière d'entretien. Et comme cette crainte encore, au crépuscule de sa vie, de reparaître devant Torcy, le secrétaire d'État aux Affaires étrangères, à cause des détours du fils en voyage.

Au beau milieu de janvier 1697, le cousin Henri sérieusement éméché vient faire valoir sa parenté chez les Racine et causer du tapage devant les domestiques. Racine lui fait la leçon, avant de le pousser dehors en lui refermant le poing sur une pièce. Puis il écrit à sa sœur : « Vous savez comme je ne renie point mes parents, et comme je tâche à les soulager, mais j'avoue... » Suit une liste de petites charités à faire, sur lequelles il consulte Marie. En premier lieu, sa nourrice qu'il lui recommande.

Il visite la tante Vitart et lui écrit, bien que ses sermons le fatiguent, il écrit à « ma mère » bien qu'il n'ait pas le temps, se réjouit de l'amitié du révérend père son oncle, de celle des Noailles, des Beauvilliers, de la bienveillance du P. Bouhours, du P. Rapin, de

Bossuet. Il fait continuellement circuler le courant, rembourse ponctuellement ses dettes, fréquente Cavoie, Félix, Fagon, Roze, ses amis, ses collègues ordinaires de la Chambre comme le fils du grand Corneille qui vient de mourir, « nos confrères », dit-il au fils, « nos camarades ».

Homme de clan, capable de hurler avec les loups pour bien se sentir dans la meute, comme on devait se sentir à Versailles au sein de la convergence de centaines de paires d'yeux vers un même regard grave porté simultanément sur aucun et sur tous, suspension du temps qui partageait dans un climat mystique la cascade des hiérarchies, chacun ne formant qu'un point dans la traîne des rangs, mais un point absolument solidaire des autres.

La passion du roi. Des élans qu'il suscite à l'époque de la Montespan, aux rites d'adoration développés par le régime quand le roi guerrier s'efface. À partir de ce moment-là, la passion de Racine devient plus raisonnable, une passion d'homme qui vieillit envers un monarque vieilli, ils se rapprochent, c'est le temps des privances. Il fait la lecture à Louis, et bientôt même à son chevet au milieu de la nuit à lui dérouler Plutarque, la *Vie d'Alexandre*, contre l'insomnie. Il l'entretient chez l'épouse morganatique et pieuse à Versailles dans la langueur glacée d'après-dîners d'hiver. Il est l'un de ceux qui l'accompagnent dans la descente.

Ce n'est plus tellement l'amour qui compte, alors, c'est le souvenir. La confiance. C'est encore l'avenir, mais celui des choses qui continuent, des habitudes qui durent. Ce souvenir, cet avenir, cette confiance dont la perte le désespère et le pousse à écrire à Mme de Maintenon une lettre saturée d'angoisse de mort qu'en définitive il n'envoie pas.

Cependant, au temps du théâtre, quand la gloire de Louis XIV submergeait les champs de bataille et la scène, les rigueurs de l'étiquette n'empêchaient pas le roi de se comporter en étalon, et sa foi de charbonnier n'interdisait pas les intrigues. La grande affaire de la tyrannie, ce n'était pas la liberté, mais l'amour.

Néron est un tyran parce qu'il exige qu'on l'aime sans aimer. Pyrrhus serait un tyran s'il exigeait l'amour d'Andromaque sans l'aimer lui-même : mais il l'aime et, sauvant Astyanax, il sauve l'innocence. Tout à l'opposé,

Bérénice : « Je vous aimais, Seigneur, je voulais être aimée », offrant sa passion dans une oblation totale, mais sans retour. Dans les tragédies de Racine, en matière amoureuse, la réciproque n'est jamais de mise. Être aimé, *si vis amari*, chacun le veut, mais l'impératif n'apporte rien, *ama*, l'amour prodigué tombe à plat. Invariablement le désir se termine par le poignard, le poison, la folie, des mains muettes d'eunuques ou le déferlement d'un monstre sur les côtes d'Épire.

Le théâtre de Racine se fonde sur une scène perdue. En toutes, le jour de l'action renvoie à un autre jour, à un événement extérieur, que ce soit le sang de la haine prénatale, le jour des ambassadeurs, le sac de Troie, la nuit de l'apothéose, ou la prophétie d'Esther. *Esther* est une pièce moderne parce qu'elle est libre : par son horreur inhumaine, la prophétie de l'extermination exclut le mal du monde et ramène la justice. La force d'*Esther* accuse la vacuité altière des pièces profanes et leur langage contraint, où toute réunification est par avance impossible. Il en va ainsi de la fusion maternelle exclue dès la naissance dans *La Thébaïde,* de la fusion maternelle rompue dans *Britannicus*, de la fusion conjugale violée dans

Andromaque, de la fusion cosmique de Titus dans les yeux de Bérénice. Seule *Iphigénie* parvient à une union familiale heureuse grâce à l'expulsion d'Ériphile sacrifiée aux dieux.

Agrippine et Bérénice ont goûté à la fusion imaginaire. Elles en sont définitivement chassées. Et contemplant les ruines de la totalité brisée, chacune devient celle qu'elle était et celle qu'elle est devenue. Cette révélation est insupportable à Agrippine. Bérénice l'accepte. Elle découvre en elle que l'Orient est désert.

Et c'est bien ce qui lui arrive, à Racine, quand, à Marly, il écrit cette lettre qu'il n'envoie pas : de tout cet amour qu'il a donné, *ama*, il n'a reçu que le silence. Même son travail ne pourra plus lui offrir de consolation, puisque le roi est en colère. La majesté se retire à son heure, sans rien laisser.

TABLE

CET OUVRAGE
A ÉTÉ TRANSCODÉ
ET ACHEVÉ D'IMPRIMER
SUR ROTO-PAGE
PAR L'IMPRIMERIE FLOCH
À MAYENNE EN DÉCEMBRE 1998

Nº d'éd. FU157201. Nº d'impr. 45067.
D.L. : décembre 1998.